大学生创新创业教育的发展模式与改革创新研究

李伟凤　徐　绘　著

北京工业大学出版社

图书在版编目（CIP）数据

大学生创新创业教育的发展模式与改革创新研究 /
李伟凤，徐绘著 ． — 北京 ： 北京工业大学出版社，
2021.2

ISBN 978-7-5639-7871-7

Ⅰ ．①大… Ⅱ ．①李… ②徐… Ⅲ ．①大学生－创业
－研究 Ⅳ ．① G647.38

中国版本图书馆 CIP 数据核字（2021）第 034146 号

大学生创新创业教育的发展模式与改革创新研究

DAXUESHENG CHUANGXIN CHUANGYE JIAOYU DE FAZHAN MOSHI YU GAIGE CHUANGXIN YANJIU

著　　者：李伟凤　徐　绘

责任编辑：郭志霄

封面设计：知更壹点

出版发行：北京工业大学出版社

　　　　　（北京市朝阳区平乐园 100 号　邮编：100124）

　　　　　010-67391722（传真）　bgdcbs@sina.com

经销单位：全国各地新华书店

承印单位：涿州汇美亿浓印刷有限公司

开　　本：710 毫米 ×1000 毫米　1/16

印　　张：10

字　　数：200 千字

版　　次：2022 年 7 月第 1 版

印　　次：2022 年 7 月第 1 次印刷

标准书号：ISBN 978-7-5639-7871-7

定　　价：60.00 元

前　言

　　创新创业是国家发展之根，是民族振兴之魂，当今社会是一个创新浪潮涌动、创业激情澎湃的全新时代，创新创业已经成为我们身边的平常事。通过观察发现，一个国家要实现经济跨越与腾飞，决定性因素有很多，但是其中一个因素起到了重要的推动作用：创新。因此世界各国都加快了创新的步伐，在万物似乎都能够创新的时代背景下，创新创业作为经济舞台中的主角以亮丽夺目之势吸引了大家的目光。高校作为为国家培养与储备复合型、全面型人才的摇篮，对于人才培养起到的重要作用得到了社会各界的认可。随着创新作为时代最强音的来临，关于大学生创新创业教育的发展模式与改革创新的研究工作显得尤为重要。为此，各高校纷纷采取切实措施，在指导与开展大学生创新创业与管理实践等方面做了大量工作，初步来看，取得了一定的成绩，但是与世界发达国家相比仍然存在一定的差距，需要我们挖掘的空间还十分巨大。

　　基于此，笔者写作了本书，力求让大学生在高校通过系统学习、严格训练、强化提高，在思想认识、观念理念、行为举措等方面取得新突破，进一步快速提升大学生的创新创业能力，使他们在创新创业的道路上更加有自信、有底气。

　　本书共分为七章，第一章为本书的研究综述；第二章为大学生创新创业应具备的素质；第三章为大学生创业机遇把握与创业项目选择；第四章为大学生创新创业精神培育与能力提升；第五章为大学生创新创业能力培养模式；第六章为大学生创新创业教育模式；第七章为大学生创新创业教育改革创新。

　　笔者写作本书时为求数据准确真实参考了大量文献资料和书籍，并在前人研究成果的基础上，提出了自己的浅显见解。由于笔者水平有限，加之时间仓促，本书难免存在不足之处，因此，恳请广大专家、学者批评指正，笔者将虚心接受并不断完善。

目 录

第一章 研究综述

创新创业教育是以培养创新精神和创新能力为主要任务的一种新型教育模式，这种新的教育理念是沟通学校与社会的一座桥梁，是课堂教学的延伸。它能够让学生认识社会环境，充分分析社会就业形势和行业前景，从而培养学生分析、解决问题的能力，培养学生的创新意识，开拓学生的思维，为大学生就业、创业提供支持。

第一节 研究背景

高校教育一直以来是我国"人才兴邦"的重要内容之一，我国对于高校教育的发展十分重视，在不断地研究与借鉴世界发达国家高等教育模式的基础上，将先进的教育机制与理念在符合我国国情的情况下引进来，这不仅仅是我国高校教育改革的重大进步，更是我国教育理念与机制的重大变革，对于推动我国高校教育的快速发展起到了重要作用。大学生创新创业教育也是在这样的时代背景下应运而生的。因为西方一些发达国家在开展大学生创新创业教育方面早于我国，他们有了一定的经验，并且摸索出了一条适合大学生创新创业教育的发展之路。我国是一个发展中国家，许多领域还处于起步阶段，大学生创新创业教育领域亦是如此。为了尽快缩短与发达国家之间的差距，我国应该加大对大学生创新创业教育的重视程度，在前行的道路中奋起直追，使得我国大学生创新创业教育能够步入发展的"快车道"。此外，近年来，我国高校毕业生就业形势愈发严峻的事实，成了我国开展大学生创新创业教育研究工作的"诱因"，因为高校毕业生就业一直是大家十分关注的话题。每一个家庭培养一名大学生都是十分不易的事情，不仅仅需要投入人力、物力与财力，而且需要倾注全部的心血与希望。所以，当高校毕业生走出校园后，迫切地期望能够拥有一份得以体现人生价值的工作，他们希望能够通过这份工作将自己在学校中学习到的知识学以致用。但是，由于毕业人数持续偏高，工作岗位呈现出饱和的状态。所以，一时间，供大于求的情况出现在广大学子面前，就业压力导致许多学子发出了"毕业即失业"的呐喊，这种情况的出现，使得我国不得不找到一种新的模式，作为调节这种矛盾的平衡点。这时，大学生创新创业教育自然而然地浮出水面。创新创业成为一种具有时代气息与特征的新的就业模式。

一、严峻的就业形势

毋庸置疑的是，高校毕业生就业形势的严峻与就业压力之大无不在触动着我国教育界人士与每一个家庭的敏感神经。就业压力大的原因是多方面的，其中最主要的因素之一是我国高校在招生时采取的扩招政策，它使得曾经如同"过独木桥"的高考态势被颠覆。取而代之的是，在接受九年义务教育和高中教育后，大部分的高考生都能够进入一所大学，开启一段大学生涯，开启人生新的篇章。所以，进入大学的门槛被降低了，进入高校的学子数量增加了，而就业岗位的数量并未如预期的那样迅速增加，一个岗位的竞争者人数众多，而最终被录取的却寥寥无几。供大于求的矛盾日益凸显。

因此，从各新闻媒体报道的数据来看，毕业生人数呈每年递增的趋势。这一组组数据说明，毕业生就业形势严峻，对大学生来说，找到一条新的职业发展之路显得格外迫切。

严峻的就业形势成为摆在民众面前的一个不可忽略的问题，如果不及时地找到一个解决问题的"出口"，不及时采取有效解决这一民生问题的方法，势必会给毕业生带来一定的压力与困惑。

（一）求职人数多、岗位少的矛盾持续发酵

能够考上一所理想的大学曾经是每一位学子追求的目标，每一位学子为实现这一目标付出了诸多努力，这种为了实现目标而不懈努力的精神是青少年应该具备的品质之一。步入大学校园的学生数量逐年递增，能够进入高等学府进行知识学习，用知识武装自己，使得自己成为一名栋梁之才是一件无可厚非的事情。但是，任何事物都有"双面性"，进入高校的学生数量增加了，毕业生的人数也随之而增加，在面临就业时，大家的竞争实力不相上下，各具特点，但是岗位的数量是有限的。所以，毕业生在面对就业问题时会发现，当今的就业市场呈现出"僧多粥少"的情况。

大学生就业一直是上至党中央、下至每一个家庭关心的事情。因为广大学子期盼着"十年寒窗苦读"能够有所收获，每一个家庭都倾尽精力与金钱，只

为让孩子拥有一份稳定的工作。但是"理想很丰满，现实很骨感"，大家的殷殷期盼随着我国劳动力供大于求矛盾的出现而破灭。

随着城乡一体化建设步伐的加快以及土地数量的减少，越来越多的城镇劳动力来到城市。人口数量的增加，使得就业市场的人数也在不断地增加，他们围在就业岗位这块诱人的"蛋糕"周围，想要分得一杯羹，得到一个满意的工作岗位。求职人数大于岗位数量是一个不争的事实，由此可见，劳动力供大于求是今后较长一段时间内普遍存在的社会现象。

（二）就业市场能否为大学毕业生提供合适岗位，成为一道测试题

随着时代的发展，民众的意识和思维也在不断地变化，在变化中我们也能够清晰地看到一些旧的观念与思维，比如考上大学就等于捧上了"铁饭碗""金饭碗"等早已成为"过去式"，"毕业即失业"却成为大家的共识，这在无形间引起了社会民众的恐慌，特别是临近毕业的大学生，对于走出校门后的生活一片茫然，不知道该去哪里，不知道如何进行职业生涯规划。一时间，家长、校方、毕业生三方面的焦虑不安考验着我国的就业市场，也考验着我国政府对经济发展的宏观调控能力。

在面对大学生就业形势严峻、就业难的问题时，我们既不能夸大其词，产生悲观的负面情绪，也不能对这一问题避而不谈，或者一味地沉浸在曾经就业形势良好的氛围中不能自拔。而是要站在客观的角度来对待就业形势严峻这一广泛性的社会话题，提出具有针对性的方针政策，找到具有可行性的具体措施，最终将问题进行有效的解决。也只有摆正态度，确立正确的观点才能在这场就业形势严峻的"战役"中获得胜利，帮助每一位大学生找到最适合自己的职业。

二、新的时代呼唤新型人才的出现

随着全球新一轮的产业变革与科技革命的到来，以新能源、新材料、生物技术和信息技术为代表的新型产业得到大力发展，对当代高等院校教育改革提出了新的挑战。我国经济已经步入新常态，产业升级压力不断增加，在以互联网、物联网和人工智能等产业为代表的经济背景下，新型产业对传统产业产生了颠覆性的影响。传统学科与传统教育人才培养模式已不能适应新型产业市场的需求。

不知不觉间，时光的车轮已经来到了 21 世纪，这是一个全新的世纪，更是一个充满了活力与无限生机的新时代。许多事物在新的时代以全新的面貌出现在公众面前，新的世纪带来了新的变化，这种变化是之前从未有过的。新世纪的到来，将一些不可能变成了可能，对传统的事物进行了重新洗牌。新的时代对于人才的需求也在悄然间发生了变化，我国乃至世界各国都十分迫切地需要复合型人才以及具有创新思维与创新能力的人才，这种对人才需求的变化是可喜的。因为它代表了全人类对于更高层次文明的不懈追求，代表了世界各国对于创新型人才的迫切追求。只有拥有了较多的创新型人才，我国才能够在世界经济舞台的竞争中占据一席之地，才能够在"你追我赶"的经济比赛中抢占先机。因此，时代的最强音使得国家迈出了高等教育的改革步伐。

为进一步贯彻落实《国务院办公厅关于深化高等学校创新创业教育改革的实施意见》，达成相应的人才培养目标，加快培养具有创新思维与创新意识的高校人才，我国开启了教育改革大跨越的发展模式，这种勇于打破传统观念、不断突破自我的做法值得赞赏。因为如果一个国家在面对教育问题时，出现了一意孤行、对于新事物与新观念置若罔闻的情况，那么这个国家的教育状况一定会落后于人的。所以，高校教育要顺应时代的潮流。只有顺应时代潮流，才能在教育兴邦的决策中全面而广泛地发展。在意识到新时代对于人才新需求的呼唤后，我国适时地调整了人才培养模式，将创新创业的观念引进来，并且在培养创新创业人才的过程中，主动向世界先进国家看齐，学习他们的先进经验。

第二节　创新创业相关概念

相信广大读者对于"创新"一词并不陌生，是的，近年来，"创新"这一词语频频出现在大众面前，从生活细节创新到国家发展创新，从理念创新到制度创新……创新体现在生活的点点滴滴中，创新更体现在民族的发展中。而创新创业就是在这样的时代呼声中走到了我们的面前，走到了我们的身边，并且以春风拂面之势吹到了大学校园中。所以，许多高校将创新创业教育作为重点来发展，本节将对一些相关概念做详细论述，旨在帮助广大读者与研究者进一步了解创新与创业。

一、创新概述

（一）创新的内涵

不可否认的是，创新是人类特有的一种思想与行为活动，它的身上刻有人类文明特有产物的烙印，也是时代发展的必然。在人类从原始社会走向现代文明的进程中，创新思维起到了决定性作用。如果人类生活中缺少了创新的身影，可能今天的人类社会仍然处于落后、愚昧、无知的状态中,可能仍然处于食生肉、皮毛裹身的状态中。如果没有创新与创新思维,人类更加不会发明和创造文字与文明。如果没有创新,更何谈计算机、互联网等时代新事物。因此,人类社会进步的根本原因就在于人类具有创新思维与创新行为,这是高等动物与低等动物之间的一个最显著的区别。所以,创新让我们感受到了文明与进步带来的好处,感受到了创新思维支配的创新行为为人类生活带来的便捷与便利。它加快了全球文明进步的步伐,促使人类不断地前行,不断地开拓进取,为拥有美好、富足的生活而不断地努力。

"创"具有创造之意,"新"与"旧"是一组反义词,将两个字组合起来可简单解释为抛弃旧的,创造新的。这个解释一针见血地概括出了"创造"的概念,可谓简洁、生动。

不过随着时代的发展,"创新"的概念也被赋予了一些新内容,当然这是在未偏离概念的主旨的基础上演变出来的一些附属概念,即创新具有一般含义和经济学含义。一般含义就是指在保留事物本来特色的基础上,进行符合时代要求的旧事物改造。这种改造要在合情合理的前提下才能开展,不能脱离事物本来的特色与中心思想。经济学含义指的是,将未曾出现过的关于生产要素的新元素引入生产活动中的行为,这种行为只有在能够为事物自身以及人类社会带来一定的经济价值时,才可称为具有经济学含义的创新。

(二)创新的分类

关于创新的分类,综合起来有以下几种情况。

1. 依据创新的影响程度与规模进行分类

按照这个标准,可将其分为两类,即局部创新与整体创新。顾名思义,局部创新是指在未改变整体特征的基础上,对于部分内容进行一定程度的改变。但是需要注意的是这种改变不能夸张或者脱离组织本身的结构与特征。整体创新则是指对组织进行具有颠覆性的改变。

2. 依据环境与创新之间的关系进行分类

按照这个标准,可将其分为防御性创新与攻击性创新。从字面来看,防御性具有一定的保护组织的特征,即当发现外在的环境因素对于组织的运行产生了或多或少的威胁时,出于自我保护的本能而采取的一些主动防御措施。这个措施可以是调整内部结构,也可以在不改变内部结构的基础上将影响组织运行的因素大胆地接纳进来,与内部组织融合,最终找到一个和谐发展的平衡点,变坏事为好事。攻击性创新则是当发现外部环境有所变化后,组织主动地进行自身结构的改变，以此来适应新环境下的发展需求。

3. 依据组建系统的过程进行分类

按照这个标准，可将其分为两类，即初期组建创新与组建后的运行阶段创新。系统组建的过程，实际上就是一种创新思维与创新活动的体现。因为组织如果想具有一定的可运行性，势必要注入创新思维与理念，只有这样才能满足社会需求，否则组织是无法建成的，所以初期组建已经体现了创新的特征。当组织组建完毕拉开运行的序幕后，为了完成组织的正常运行之目标，管理人员还需要不断地进行学习并且改进管理方法，这个学习与改进的过程就是创新的过程。

4. 依据组织形式的不同进行分类

按照这个标准，可将其分为两类，即有组织的创新与自发性创新。前者指的是组织的管理者具有敏锐的目光，能够及时地了解与捕捉外部环境的变化，并且将由新的变化带来的对组织系统的新需求融入组织的创新发展中，制订具有针对性的发展策略。自发性创新则是当外部环境发生变化后，主动地采取措施来迎接由这种环境变化带来的需求。

（三）创新的特征

世间万物都具有一定的特征，创新也不例外，一般而言，创新活动具有以下特征。

1. 创造性

具有一定的创造性是创新活动最大的特征，也是创新活动的特色与亮点。创新活动是创造性思维与创造性行为结合后的产物，如果缺少创造性思维，创新活动就无法开展，而只具备创造性思维，却未付诸实际行动即创造性行为，则创新活动也无法出现。思想与行动缺一不可，两者是相辅相成、互为依托的关系。

2. 高风险性

不可否认的是，创新活动是一项风险与收益并存的特殊活动，充满了较多的不确定因素。也就是说，在进行创新活动之前，没有人能够预测到创新活动能够带来多少收益，创新活动是否会取得成功。诚然，通过创新活动帮助企业打开市场，获得丰厚的经济报酬与较高的社会口碑是每一家企业都期盼的结果。但是俗语说得好：挑战与风险是如影相随的"孪生兄弟"，没有一个人敢在创新活动开展前保证一定会成功，一定能够实现目标。因为在创新活动开展的过程中存在太多的不确定性因素，存在太多的现实与目标相差甚远的情况。比如，一家企业在投入了大量的人力、物力与财力后，专业的研发团队研发出一款自认为能够在市场中引起广大用户关注的产品，并且信心满满地将产品投向市场，在投向市场的过程中又做了大量的宣传，期待能够通过这款产品为企业带来较高的经济效益，能够赚得盆满钵满。但是不知为何，产品在投向市场后，并未如预期般在消费者心目中产生反响，令人十分不解。预期的效果与实际的市场反响不成正比的情况比比皆是，这些情况将创新活动的高风险性体现得淋漓尽致。所以，并非任何一项创新活动都是成功的，并非每一项融入创新思维的产品都会在消费者群体中产生涟漪，所以企业在进行产品创新时要三思而后行。

3. 高效益性

前面已经提到，在产品创新的过程中，其风险与收益是共存的。没有任何一项创新活动是只有收益却不需要承担风险的，因为创新活动本身就具有一定的高风险性。但是有得就有失，高风险与高收益性如同天平中的两个砝码，只有调整好两者之间的角度，才能够促进企业的和谐发展。企业虽知创新的高风险性，但与此同时，企业的管理者也看到了风险背后的高效益性。因此，他们对创新活动仍然跃跃欲试，高效益性是激发企业不断开发新产品、不断融入新思维的动力之一。没有一家企业固守着一种或者几种产品而将创新思维与创新活动拒之门外。所以他们会不遗余力地开发新产品，旨在通过新产品来帮助企业在市场中站稳脚跟，获得较高的经济与社会效益。

4. 系统性

需要注意的是，当我们明确了创新对于企业的长足发展具有不可忽略的重要作用后，决不能盲目地开展创新活动。因为创新活动并不是企业的管理人员一时头脑发热拍大腿后出现的行为，而是在经过深入而又全面的市场调研后，根据本企业的实际情况，通过综合测评以及科学论断后才能够开展的一项活动。因此，创新具有系统性特征，从前期的市场调研到中期的产品研发再到后期的产品问世后的市场推广，每一个环节都需要在精心策划的前提下有条不紊地开展，而不是为了开展而开展，将最重要的系统性特征抛之脑后。如果缺乏系统性的指导，创新活动并不一定能够取得成功，甚至是失败的。所以，企业的管理者必须在一系列的系统性策划与指导的基础上来实施创新。

5. 动态性

创新活动并不是一成不变的，因为创新要素是会随着时代的发展而不断变化的。比如，手机在早期的时候，仅仅是人与人之间拨打电话与发送短信息的沟通工具，而今天，手机不仅能满足人与人之间的沟通需求，其功能也得到了进一步的扩展，具有查阅知识、发送微信等更多的功能。自然而然，大家对于手机的功能需求也随之增加，如果手机仍然只有拨打电话与发送短信的基本功能，那么它一定不能在市场中拥有较多的拥护者。由此可见，没有一种事物的发展是固定不变的。对于企业来说也不例外，要明确创新具有动态性的特征，并不是去年的创新理念在明年也同样适用，更要深知如果不及时调整创新思维，未将创新的动态性特征牢记于心，创新有时会变成一场无用功，创新的意义也就无从谈起了。

6. 时机性

企业想要在市场中抢占先机，成为行业的佼佼者，就必须要把握住创新的时机性，因为机会稍纵即逝。也就是说，必须在消费者的消费意愿发生转变时及时地进行产品策略的改变，及时地调整产品的研发方向。只有牢牢地把握住创新的时机性特征，才能够在激烈的市场竞争中拔得头筹，占据一席之地。比如，近年来，随着各种直播平台的出现，直播已经成为百姓身边的平常事，每个人都能够通过直播记录日常生活中发生的事情，每个人都能够成为直播舞台中最亮眼的明星。因此，一时间，许多与直播有着直接或者间接关联的传媒公司成立，呈现出蓬勃发展的趋势。这些传媒公司把握住了创新的时机性特征，将民众喜欢看的、愿意看的、关注度高的内容进行组合与推广，在推广的过程中实现了企业与个人双赢的目标。这些传媒企业还不断地对产品进行调整，将内容做精、做细，做到了新颖独特，抓住了创新的时机性，促进了创新活动的开展。

（四）创新的作用

在 21 世纪的今天，没有一个国家否认创新存在的意义，更没有一个国家在发展过程中拒绝融入创新思维与创新行为。每一个国家都非常认可创新存在的意义与价值，也十分重视对于创新思维与创新行为的保护。因为纵观世界各国的经济发展后不难发现，每一个国家的某一领域都会遇到瓶颈期。如何突破由瓶颈期带来的发展困惑，将瓶颈期彻底打破，步入发展的新阶段，为处在瓶颈期的领域注入新鲜血液，促进经济的再次腾飞是摆在每一个国家面前的一个亟须解决的问题。

1. 市场环境的改善需要融入创新

在当今这个市场经济时代，市场需求几乎处于饱和的状态，同一类的市场产品中会有多家同样性质的企业，竞争十分激烈。在这样的情况下，许多企业不得不打价格战，以此来提高自己的市场竞争力。从表面来看，企业是获得了一定的关注度，获得了一定的经济效益，但是从长远的角度来看，这并非长久之计。因为也许在明天，会有另外一家同类产品企业打出更低的价格来争夺消费者，价格越来越低，产品的利润空间只会缩小，看起来消费总额是在增加，但其实企业获得的利润并不尽如人意，甚至会出现产品售卖得越多，企业亏损得就越大的情况，这是同类企业的恶性竞争导致的，势必会造成市场环境的乌烟瘴气。因此，如果要在同类产品中获得消费者的关注，企业必须立足自身，冷静思考，将自身产品做出一定的优势，而要取得优势，势必要在产品中融入其他同类企业所不具备的元素，这个元素就是创新。只有融入创新元素的产品才能够稳定消费市场，使得企业之间的竞争在一个公平而合理的环境下开展，市场环境才能得到极大的改善。

2. 创新是企业发展的基础

通过查阅相关资料与对消费者的消费习惯与消费思维进行的调研发现，消费者在购买所需产品时，会面对多种同类产品，这时他们往往更加青睐于选择注入创新思维的新产品。也就是说，消费者是一个喜新厌旧的群体，当创新产品问世后，消费者会很快将旧的产品忘掉。一家企业如果要在日新月异的市场竞争中站稳脚跟，就一定要注重创新思维的培养，因为创新才是企业的立足之本。

3. 企业稳定发展的前提是创新

没有任何一家企业希望在市场竞争中惨败而归。因为一家企业从筹备、成立，到运作，再到最终走向市场，这个过程中凝结了许多人的心血，承载了创业者的全部希望。因此企业的创立者都希望将企业做大、做强，而做成百年企业更是每一位企业家的目标。为了实现这个目标，每一位企业成员都付出了诸多心血与努力，但是每一家企业在发展过程中都不可避免地会遇到瓶颈期，每一家企业都想要快速地突破发展的瓶颈期。所以，对产品进行创新是加快企业突破瓶颈期步伐的重要手段，而突破瓶颈期后的企业如同风雨后的彩虹一般，会发出耀眼的光芒，经历风雨后的企业也能够走上一条稳定发展的道路。因此创新是企业稳定发展的前提，更为企业实现百年企业的目标增添了一分力量。

4. 企业经济效益的提升离不开创新

提升企业的生产效率一直以来为企业家所津津乐道，投入少、产出多更是每一家企业所追求的目标。纵观人类发展史，人类社会中有几次重大的科技革命都是以创新为蓝本而出现的，都有效地推动了人类文明的进程。比如工业革命的出现，将人类文明向前推动了一大步。它不仅将人类从落后而又繁重的工作中解放出来，对于提升生产效率也起到了重要作用，生产效率的提升从某种程度而言，就是企业经济效益提升的写照。科技革命是创新思维的体现，今天的企业要想提升经济效益自然也离不开创新。创新是效益提升的基石，效益提升是创新得以体现的载体。

5. 企业竞争力中创新是主角

企业想要在高手如林的同类企业中打造最受消费者欢迎与信赖的品牌，就必须根据市场需求研发出适合消费者的产品，即消费者点什么菜，企业就要为消费者做出一道色、香、味俱全的菜肴。当消费者的需求得到充分的满足后，企业形象与品牌形象就在无形中深深地植入消费者的心中，并在他们的心中"扎根"，促使消费者变成企业的忠实守护者，变成企业的"铁粉"。所以，在促使企业发展的众多因素中，创新才是真正的主角。

6. 创新能够带动其他领域的发展

由创新带来的企业产品对于与之相关的领域具有一定的辐射作用，能够在无形中带动其他领域的发展。比如，为了迎接 2008 年北京奥运会的举办，我国兴建了一些比赛场馆，这些场馆在赛事结束后并没有被弃用，而是在经过包装后以新的形态出现在广大公众面前。其中以旅游产品出现的形态较为深入人心，而对外开放的形式使得与旅游产品相关的领域如服务业、餐饮住宿业也在无形之中得到了推动与发展。

二、创业概述

（一）创业的内涵

近年来，"创业"一词频频被民众提及，进行创业变成了一件平常事。这是我国经济制度改革以及社会需求发生转变的一个缩影，因为在 20 世纪，民众追求的是获得"铁饭碗"，似乎捧上了"铁饭碗"才能体现人生的价值，认为创业是一件新鲜事，甚至为创业打上了"不务正业"的标签，对创业唯恐避之不及。到了 20 世纪 90 年代，随着劳动力的增加，原有的工作岗位数量已经远远不能满足社会的需求，许多普通劳动者根本无法找到工作，加之随着一些工厂与企业纷纷宣布改制或者破产，"下岗潮"的出现再一次将就业难的严峻形势推向了新的高度。这时，我国在进一步深化改革开放的思想后，终于意识到开展与鼓励创业是一件能够促进经济发展与增加国民收入的好事，创业开始被重视起来，有了自己的一席之地。

查阅《新华字典》后发现，对"创业"的解释是言简意赅的，即开创事业。通俗地说，创业是一个人具有了大胆创新、勇于挑战自我的精神后，打破原有的资源约束，在熟悉或者不熟悉的领域努力找寻机会，通过努力创造一些价值，最终实现人生理想与达成工作目标的过程。

创业的内涵主要包括以下两点。

1. 找到合适的创业时机

创业虽然已经变成我们身边的平常事，但是并不意味着每一个人在每一时刻都能够创业。因为创业并不是随口一说或者头脑发热就能够完成的事情，只凭借满腔热情是不够的，还需要占据天时、地利、人和的优势，也就是我们常说的，要寻找到一个合适的时机，当时机来临时要迅速地把握住，此时创业就已经具有 50% 的成功率了。

2. 创业是创造价值的活动

创业是一种不断创造价值的活动，这种价值不仅仅体现在经济方面，还体现在社会与个人的精神价值方面。比如一位创业成功的企业家，通过自己的努力使得企业的发展步入正轨并且呈现出蒸蒸日上的发展态势，这其中的酸甜苦辣与艰辛是其他人无法体会到的。而通过他的不懈努力，企业的发展更加多元化，不仅解决了劳动力就业问题，为社会创造了价值，也为个人创造了财富。

（二）创业的要素

一般而言，组成创业的要素主要有以下三个。

1. 机会

机会并不是任何时候都有的，有时它好像在与创业者"捉迷藏"，让人无处找寻。因此，创业的第一个基础要素就是找到最佳的创业机会。机会的重要性不言而喻，如果创业者能够在机会来"敲门"时，牢牢地把握住，创业活动就等于成功了一半。如果创业者没能敏锐地捕捉到商机，则商机就可能从身边"溜走"并一去不复返。因此，创业者要将关注的目光投向如何找到合适的商机这个话题上，将关注的焦点放在如何找到最佳商机上。

2. 资源

资源是决定创业者能否创业成功、能否在激烈的市场竞争中稳操胜券的一个保障因素。因为企业要创造价值与财富，它并不是一个"空壳子"或者皮包公司，所以企业掌握的资源是否具有较强的竞争力与优势是创业活动开展时创业者需要考虑的问题之一。掌握住一些优势资源能够对创业活动以及企业的成功运营起到十分重要的推动作用。

3. 创业者

创业者自身具备的学识与人格魅力是最重要的因素。因为如果一名创业者道德品质败坏，人品恶劣，不遵纪守法，不讲究诚信经营，那么他即使具备所谓的优秀创意，也无法吸引投资者的目光。因为创业活动是在符合国家相关法律法规的基础上开展的，任何凌驾于法律法规之上或者违背道德的创业终究是要被抛弃与唾弃的。所以，创业者自身的人格魅力就是一个最好的"金字招牌"。

综上所述，组成创业的三要素缺一不可，它如同创业的"左膀右臂"，失去了其中的哪一个都不能保障创业的顺利进行。因此，在对创业进行研究前我们首先要重点对这三个要素开展相关的理论研究，如果脱离了这三个组成要素而盲目地开展一些关于创业的研究，就会失去理论支撑，研究出来的结论可能就会无法落地。

（三）创业意识的含义

当我们萌生出创业的想法后，要付诸实际行动才能够完成创业活动，如果只有想法而不付诸实际行动，创业只能是一纸空文。而萌生出来的创业想法，就属于狭义上的创业意识。

1. 创业意识的构成要素

（1）创业需要

意识是由个人的某种需求引起的，需求是产生意识的前提，意识是思想即将变成行动的一种思维过渡。也就是说，创业者出于这样或者那样的原因选择创业，萌生出创业意识，而无论是哪种原因，都从侧面反映出创业者对于现有状况以及现有条件的不满意或者不满足。他们急需要一种能够满足他们愿望的方式来改变现状，创业为他们实现这一目标提供了可以施展个人才华的舞台。

（2）创业动机

做任何事情或者完成任何一项任务都需要有一定的动机。对于创业来说也不例外，创业动机能够促使创业者尽快地投身于创业活动中，能够激发创业者在遇到困难与挫折时通过自身的努力克服与解决困难的勇气，促使他们在创业的道路上越走越远，颇有无声鼓励的意味。

（3）创业兴趣

通过调研发现，绝大部分创业者在选择创业项目的时候，纷纷选择的是自己熟悉或者感兴趣的领域，把它作为赢得人生"第一桶金"的舞台。一项心理学的研究测试表明，人在自己熟悉的领域或者环境中做事情能够更加胸有成竹。因为熟悉的环境或者领域能够让人放下戒备心理，能够让人完全地打开心扉，所以，在创业意识的构成要素中，创业兴趣起到了决定性作用。

（4）创业理想

从小我们经常会被问到一个问题：你的理想是什么？儿时的我们回答出来的答案可能是多种多样的，无论哪一种答案都代表了我们对美好未来的期盼，都代表了我们的美好心愿。对于创业来说同样也不例外，没有一个创业者在具备了创业意识后，不会对创业活动寄予希望，每一个创业者都希望可以实现自己的创业理想，实现人生奋斗目标。

2. 有关创业意识的内容

（1）商机意识

一名创业者不仅需要具备创业意识，还应该具备坚毅顽强的品格，更要具备敏锐的观察力。只有捕捉到市场所需，才能制订相应的产品方案，生产出能够满足市场需求的产品，并且要能够根据市场的实际需求及时地调整产品以及市场定位，而这种能力就是商机意识。

（2）转化意识

创业者只具有了商机意识还远远达不到创业要求的高度，因为意识只是一种思想。将意识转换为行动，才算迈出了创业行动的"第一步"，将思想转为行动，将个人的学识与能力转化为智力资本，创业活动多半已经初具成功的形态了。

（3）战略意识

在对一些创业失败者进行调研后发现，许多创业者在创业初期过于求大、求快的思想使得他们偏离了创业活动的正常运营轨道。因为创业者一旦发现了他们认为的好的创业项目后，会急于证明自己的眼光是多么正确，急于想要挖掘到人生的第一桶金。在这个过程中，他们表现出来的往往是急于求成的状态，并未制订周密的创业计划和全面的发展战略策略，或者即使制订了创业计划或者战略策略，但是为了尽快促使创业项目落地也往往会忽略一些重要的因素。而在项目运营过程中他们也未根据市场需求以及消费者的需求及时调整与改变营销方案。急于求成的错误思想蒙蔽了他们的双眼和心智，等到创业失败回头反思时才发现，在运营过程中将最不应该忽略的战略意识忽略了，令人扼腕惋惜。战略部署与战略意识如同将军发出的号令，具有指挥和统率全军的重要作用。如果未进行具有一定深度和广度的谋划，可以毫不夸张地说，在这场市场竞争的"战争"中，创业者及其团队轻则损伤惨重，重则全军覆没。

（4）风险意识

前文已经提到，任何一项事物都具有两面性的特征，世界上的事物都是以正反两面的形态出现在广大公众面前的。对于创业来说也不例外，创业活动具有一定的挑战性，如果创业者能够经受住风险的考验，创业活动成功的概率就会大大提升。反之，如果未经受住风险的考验，则可能会在创业道路上离成功越来越远。所以，创业者必须具有足够的风险意识，当发现创业项目或者营销方案存在问题时，必须及时"刹车"，调整策划方案，切记不能一意孤行，或者在错误的创业道路上越走越远。

（5）资源融合意识

创业者也需要具备对与创业项目有关的内容与资源进行融合的意识，不断地对一种或者几种产品进行优化与重新组合，即需要具有跨界合作的思维意识。步入新时代，特别是近年来，跨界组合这一新颖而又独特的形式以一匹黑马之势出现在民众面前。从文艺界的跨界歌王到旅游与体育产品进行融合发展的势态来看，跨界与整合在未来几年内仍然是时代最强音。因此，创业者要最大限度地打开自己的创业思维，拓宽创业意识的广度，不断地吸收与融合同创业项目有关的其他领域的内容。当然这个吸收与融合并不是盲目开展的，需要与创业项目有着密切的联系，不能出现"南辕北辙"般的资源融合，否则那就是无用功，也不会帮助创业者在创业市场中站稳脚跟。

第三节　创新思维与创业能力

创新思维是人类特有的一种思维模式，它是区分高等动物与低等动物的一个重要的标志。从古至今，创新思维一直体现在人类社会发展的各个方面，它是帮助我们实现更高层次的发展目标的关键因素。

创业能力是创业者必须具备的基本素质，如果失去了创业能力的支撑，创业者的创业活动无异于"水中花"，是根本无法实现的。所以创业能力可以有强有弱，有大有小，但是绝不能没有。创业能力的培养，能够显著提升创业者创业成功的概率。

一、创新思维

（一）创新思维的含义

学术界普遍认为，创新思维就是一种不同于常规思维的新思维模式，这种思维模式是在结合传统思维观念的基础上进行升级与深化形成的一种具有时代特征且符合事物自身发展规律的新思维，从某一角度而言，颇有"不走寻常路"的味道。但是值得注意的是，虽然创新思维提倡的是打破常规，但是并不是盲目地将所有的常规思维统统抛弃，而是在借鉴有用的、摒弃无用的观念的基础上所进行的突破。

（二）创新思维的特点

1. 独创性

创新思维的最大特征就是具有独创性。毫无疑问，创新思维是对传统思维的一种挑战，甚至是一种颠覆，是敢于突破自我、打破常规思维的一种新思维模式。它能够将传统的一些条条框框进行分类与整理，将合适的内容留下，将不合适的内容及时剔除，并且会对合适的内容进行有效的研究与管理，使得新思路与观点能够具有理论性与实践性，能够指导活动的有序开展。

2. 多向性

创新思维是一种融合多种因素的新思维，不再受到一种因素的制约，思维的宽度与广度以及深度都得到了进一步的拓展。创新思维的多向性特征会帮助我们打开思维，遇到问题的时候，能够灵活自如地调整思维方向与看待问题的角度，而不是"一条道路走到底"，不懂得变通与改变。

3. 综合性

创新思维的综合性特征能够帮助我们找到同类事物发展的客观规律，从而帮助我们达成目标。因为创新思维具有"再加工"的综合性特点，它能够将事物的发展规律与概念进行梳理，然后再形成新的观念与认知，最终使我们找到事物发展的规律。事物发展的规律被找到后，对于事物自身的良性发展又会起到促进作用。

4. 联动性

可以将创新思维的联动性概括成这样一句话：创新思维促使我们的思维模式进行变革，新的思维模式主要表现为看待事物时不能仅仅看到浅层信息，而是要开阔视野、扩宽思路，因为联动就是要将与事物自身发展有关的内容结合起来，变成由远及近、由小到大、透过表面看本质的新局面，特别是透过表面看本质能够帮助我们更清晰地厘清事物的发展规律。

5. 跨越性

既然创新思维是在老观念与旧思维的基础上衍生出来的一种新的思维，那么其自然而然具有一定的跨越性特征，而且这个跨度之大还很有可能会超乎我们的想象，当然这个跨越性以不违背事物存在的客观规律为前提。

（三）创新思维的作用和意义

1. 创新思维的作用

第一，在创新思维的作用下，不仅仅是人类的知识总量得到了十分显著的提升，同时人类向未知领域拓展的勇气和自信也得以提升。通过阅读前面的内容我们已经明确了创新思维的主旨，知晓了创新思维是打破固有思维的一种创新方法，那么会有读者发出这样的疑问：究竟什么是固有思维呢？其实答案很简单，比如一位创业者在开展创业活动之前曾经就职于一家企业，而在这家企业中他从事的是管理工作，那么他拥有的思维一定是管理思维。如果他决定自己创业后，势必会带着管理思维去开展创业活动，可能会对创业产生不利的影响。因为自己创业与在其他企业就职是完全不同的两个性质，是完全不同的两种体验。虽然听起来都是从事管理工作，但是自己创业需要做的不仅仅是管理，还要涉及其他多方面的内容。所以，这时创业者需要采取商业模式思维、创新模式思维作为开展创业的"敲门砖"。在这里仍然有必要再次重申创新思维的重要性，我们要打破原有的思维，跳出原有的思维圈，站在更高的维度来看待企业的行为。如果创业者未及时跳出固化思维圈，势必会在创业过程中受到由这种思维带来的束缚，它无疑会妨碍创业活动的有序开展。所以，想要在未知领域取得长足发展，就需要清除思维屏障，用"空杯"的心态去接受创新思维以及创新事物。比如，日常生活中每个人都会用到手机，早期的手机属于 2G 网络，到后来的 3G 直至现今的 5G 网络，每一次重大的变革都是人类向未知领域进军后的产物，都从侧面反映出创新思维能够提升人类知识总量以及增加人类向未知领域拓展的勇气和自信。

第二，人类对于新事物与新领域的认知能力是随着创新思维的提升而提升的，众所周知，在漫长的岁月长河之中，人类社会从原始状态发展到今天的高度文明社会，这其中经过了岁月的冲刷与沉淀，将适合人类自身发展的事物与内容保留了下来。而在这漫长的发展岁月中，人类之所以不断前行，是因为人类具有创造性思维，这种思维是其他任何低等动物所不具备的，这种思维鞭策着人类不断地探索未知领域，不断地为了实现更高的生活目标而进行不懈的努力。比如，被称为人类历史上最伟大的发明之一的计算机，并不是凭空出现在我们的生活中的，而是经过众多科研人员的努力钻研与无数次的试验后出现在我们面前的。计算机的出现为我们的生活带来了便利与便捷，大大提高了人类工作与学习的效率。只要拥有一台计算机，你就能够尽情地徜徉在知识的海洋中，"足不出户便知天下事"已不再是一个梦想，而变成了现实。如果人类不具备创新思维，我们会拥有先进的科技成果吗？我们会享受到先进的科技成果为我们带来的便利吗？显然答案是否定的。因此，创新思维能够提升人类的认知水平与认知能力是不争的事实。

2. 创新思维的意义

首先，能够帮助人类增加知识的储量是创新思维的第一个具体意义。诚然，每一个人都希望掌握与了解更多的知识，但是不懂得举一反三以及学会用巧方法增加知识的储量是不行的。盲目地开展增加知识储量的工作有时会变成一种无用功，因为知识的种类太多，一个人不可能完全掌握所有领域的知识，而如果借助创新思维将知识进行举一反三的总结与归纳，那么我们在掌握与学习知识的过程中就会变得得心应手起来。

其次，创新思维可以为企业创新注入动力。我国人口数量较多，是一个生产大国，却不是一个自主研发与生产的强国。许多企业并没有自己特色的研发优势，包括一些知名的企业也是如此。重要的研发技术都掌握在国外专家的手中，我国只负责流水线的产品生产，这其中的利润空间是较小的。虽然从表面来看，生产企业处于订单爆满的状态，一线的生产工人处于 24 小时轮流工作的状态，但是企业的经济效益并未达到预期，甚至出现了订单满天飞但是企业依然亏损的情况。这是因为生产仅仅是付出了体力劳动，而在劳动生产关系学中，学者已经为我们进行了总结：体力劳动属于劳动结构金字塔中的底层。而且负责生产的机器一旦出现故障，出现了"罢工"的情况，企业里的修理工只能摇头叹气无奈放弃，因为机器的核心技术掌握在外资方的技术工人手中，这在无形中又影响了企业的生产效率。显然，我国企业的自主创新能力已经远远赶不上一些西方发达国家了。因此不难发现，世界前五百强企业中，中国企业的数量较少。我国在许多外国人心中被自然而然地打上了生产大国的符号，而非生产研发强国的符号。落后就要受制于人，在面对这样的尴尬局面时，我们不要气馁，更不要自暴自弃、丧失信心，而是要在创新思维的指导下，奋起直追，迅速地缩小与其他发达国家之间的差距，只要努力就一定会摘取理想的胜利果实。

二、创业能力

（一）创业者的能力

要想获得预期的创业效果，实现创业成功的目标，需要具备很多条件，其中创业者的综合创业能力是创业取得成功的"法宝"。如果创业者不具备相应的能力与才华，创业只能是停留在想的层面上。即使将创业落实到实际行动中，最终也可能无法达到预期的创业效果。一般而言，创业者需要具备以下几种能力。

1.需要具备识别创业机会的能力

我们经常听到这样一句话：机会是留给有准备的人的。是的，如果把握住机会，就等于购买了一张创业成功的"门票"，就能够在这场创业表演中尽情地发挥实力、展现才能。反之，如果当机会来到身边时，却忽略了它的存在，使得机会白白地从身边溜走，那么创业也就无从谈起了。所以，机会就像一个淘气的孩子，有时会来到身边，有时又会在我们不经意间悄悄地离开。因此通过观看一些成功企业家的采访不难发现，他们之所以能够在自己的领域中做出一番成就，得到一定程度的认可，获得了精神与经济的双重回报，是因为当机会来临时，他们能牢牢地将机会抓住，并且付出艰辛与努力，这才有了今天的一番成就。因此，每一位创业者都需要具备识别创业机会的能力，这才是创业的成功之本。

2. 需要具备风险决策的能力

创业是一场风险与经济回报的博弈，风险越大，经济回报可能就会越多。所以，总是有许多人信心十足地投入创业活动中，但是通过在商海中的打拼，有的创业者能够创业成功，获得胜利后的喜悦，而有的创业者则没有这么幸运，只能品尝失败的滋味。挫败感令他们久久不能走出失败的阴影。他们百思不得其解，为什么同样都是创业，有的人就能够成功且赚得盆满钵满，而自己却惨败而归呢？原因有很多，并不是因为失败的创业者不够努力或者不够吃苦，而是因为在创业活动开展的过程中，对风险的决策能力有所欠缺，当创业项目遇到一个或者几个关键的发展点时，未能全面而冷静地分析风险，将风险降到最低，最终创业项目被迫"下马"也就不足为奇了。同时，创业者由于大部分属于初次创业，对风险的判断存在偏差或者认识上的不足，有时会忽视风险的严重程度。在瞬息万变的商海中，风险有时犹如暴风雨来临前的海面，虽然看起来风平浪静，实则暗潮涌动，所以创业者不要被表面的平静蒙蔽了双眼。要透过现象看本质，只有具有抽丝剥茧般的慧眼，才能拥有强大的风险决策能力。因此，创业者要具备风险决策能力也就是情理之中的事情了。

3. 需要具备创业战略管理的能力

我国目前已经处于市场经济时代，近年来，国家全面深化改革，鼓励创新创业，简化审批程序，对于一些创业企业给予一定的政策与经济上的优待或者扶持，鼓励创业者尽快将创业项目落地。从中可以看出，国家对于创业者开展创业活动，不仅仅给予环境上的支持，更给予经济上的实实在在的支持。因此，注册成立的企业数量每年都在增加。在这样的背景下，许多创业者犹如注入了一剂强心剂，纷纷跃跃欲试，想在创业中大展拳脚，发挥自己的才能。正是出于这个原因，有的创业者在创业中迷失了自我，仅仅是为了赶潮流而盲目地开展创业活动。要知道，创办一家企业或者开展创业活动需要具备的能力与素养是多方面的，其中不可缺少的一项就是战略管理的能力，这个管理能力可不仅仅指管理好一个创业团队。企业如果要正常地运作，简单来说，首先需要组建一支与企业文化和发展目标要求一致的团队，其次需要制订营销方案。这是企业获得经济效益的根本，这个营销方案也不是一成不变的，而是需要根据市场的需求不断地修改与调整，使得企业的产品能够在市场中时刻保持着新鲜度，能够在激烈的市场竞争中不被淘汰。最后，还要不断地对产品进行深化组合，进行二次创新，能够不断地研发出新的企业产品，不陷入"吃老本"的发展怪圈中。这每一项内容、每一项工作任务、每一个企业发展目标都需要创业者制定发展战略，都需要管理者参与其中。所以创业者并不是一个"旁观者"，只需要对现有的资源与产品进行管理就万事大吉了，而是需要参与企业或者创业活动的每一个环节，亲力亲为地去做好管理，去制订发展战略。如果创业者不具备战略管理的能力那又怎么能够管理好一家企业、一个团队呢？

4. 需要具备开拓创新的能力

创业是一项充满风险与挑战的事情。但是人类具有喜欢迎接挑战的冒险者精神，所以创业的舞台中永远不缺乏"表演者"。每一位创业表演者都希望在高手如林、竞争压力较大的环境中脱颖而出，成为最具有吸引力的那个耀眼的"明星"。而在千篇一律的同类产品中，如何能够脱颖而出，或者说促使创业者脱颖而出的底气是什么，值得每一位创业者深深思考。如果企业的产品想要脱颖而出，获得消费者的青睐，就一定要具备其他同类产品还不具备的特性，即具有独特性与唯一性。而对产品进行深度研发，进行调整与整合，这个决定权属于创业者。所以创业者需要具备的第四个才能就是开拓创新的能力。创业者首先需要充分认识到开拓创新能力的重要性，不能因为害怕创新后的产品可能会使老顾客流失而将创新思维拒之门外。或者因为创新产品充满了不确定性因素，不知道创新后的产品是否能够为企业带来可观的效益收入而犹豫不决、畏首畏尾。如果创业者自己就对创新产生了排斥的心理，不愿意大胆地进行开拓与改革，那么这家企业的市场活跃度一定是较低的，甚至是死气沉沉的。创业者要具有大胆创新、努力进取的意识，只有具备了这样的意识，企业或者创业项目才不会处于裹足不前的尴尬局面中。

5. 需要具备网络构建与管理的能力

创业者要获取相应的创业资源，不仅仅要通过实地考察与调研的方式来完成，更多的时候也要与时俱进，随着时代的发展而不断地增加一些获取信息资源的途径。特别是步入 21 世纪，网络时代已经成为新时代的一张亮丽的名片。没有人能够否认网络能为我们带来便利与便捷。曾经许多不能想象、不敢想象的事情在网络时代变成了现实，变成了一件平常事。比如，以前外出购物时，一定要将钱包放在口袋中，这样才能购买到需要的产品。而今天，我们外出时，钱包已经不再是必须携带的物品，只需要将小巧而又携带方便的手机放在手中即可满足食、住、娱等多方面的需求，既解放了双手同时又带来了支付的便捷。对于创业者获取相应信息的途径来说，今后较长一段时间内的主要方式就是通过网络获取信息。因为创业者同样处于网络时代，自然需要具备网络构建与管理的能力。并且在创业过程中需要将一些优秀的具备网络能力的人才及时地补充到团队中来，使得团队成为一支能打硬仗的高素质网络队伍。

6. 需要具备管理团队的能力

创业者在创业过程中需要亲力亲为地去做一些管理工作，可以将管理任务下放给主管或者组长，但是这并不意味着不过问或者不管理团队。管理是一项任重而又充满难度的工作。因为每一个团队成员由于自身认知、学历、成长背景的不同会对同一件事情产生不同的反应与思考，所以要做好团队成员之间、成员与管理者之间的协调沟通工作实属不易。创业者只有明确了管理的重要性，才能做好管理工作，才能使得团队氛围和谐。团队成员之间才能够互帮互助，心往一处想、劲往一处使，形成强大的团队协作能力，最终为企业带来经济效益。如果团队成员之间互相诋毁、恶意竞争，被"穿小鞋"的情况时有发生，这个团队的气氛一定是乌烟瘴气的，最终损害的是团队的利益，因此绝不可如此。所以，创业者必须要做好组织管理工作，才能使得团队成员拧成一股绳，推动企业稳步前行。

（二）创业者的素质

在当今这个事物多元化的时代，每一个人都能够成为一名创业者，即使他是一个毫不起眼的普通人，也同样能够拥有创业的梦想。因为在梦想面前，人人平等。但是梦想转化成行动，即将创业梦想转化为创业活动，则需要考虑一些必不可少的因素，具备了这些因素后，才能着力开展创业活动。创业者需要具备以下几种素质。

1. 身体素质最重要

一个人如果拥有了一个健康的身体，就等于获得了一份宝贵的财富。健康的体魄是顺利开展一项活动的前提。如果一个人终日在病榻上饱受疾病带来的痛苦，可以想象，他是无法将全部精力用于创业活动的。只有在具备了健康身体的前提下，创业才能够具有可实施性。所以，创业者需要将提高自身的身体素质作为开展创业活动的"重头戏"。要养成锻炼身体的习惯，戒掉对身体有害的行为。通过观看知名企业家的采访能够发现，大部分企业家无论每一天的工作多么繁忙，工作任务多么繁重，他们都会抽出时间来锻炼身体。在锻炼身体的过程中，他们将工作暂时放下，不谈工作，待锻炼结束后再重新投入工作中。由此可见，他们对于拥有强健的体魄、较高的身体素质是极其迫切的。创业者也应该具备这样的意识，以此来提高自身的身体素质，这样才能促使创业顺利开展。

2. 道德素质不能少

一个失去了道德品质与素养的创业者，即使他拥有了较多的财富，企业规模较大，也一定不会在发展的道路上越走越远、越走越好。因为道德品质是每一个人都应该具备的，一个具备了良好的道德品质的人，道德就是他的"金字"招牌，它会让这个人充满魅力，散发着光芒。所以，创业者的一切创业活动都需要在不违背道德的基础上开展。失去了道德约束的创业，就如同脱缰的野马，注定是无法在市场中立足的。比如，一些有关食品安全的事件频频为我们敲响警钟，一些食品作坊为了追求利润的最大化，将"食品安全重于泰山"的要求抛之脑后，在令人作呕的环境中生产制造食品，当被查处时才发现，生产食品的环境污水横流、蛆虫满地，一幕幕令人触目惊心。这样违背道德准绳的行为必将受到严惩。食品安全事件在为我们敲响警钟的同时，也深刻地揭示了创业者必须具备道德素质，这是创业者扬帆远航的"灯塔"，它会带领着创业者一步一步到达成功的彼岸。

3. 心理素质不容忽略

创业者从决定进行创业的那一刻起就应该深知一个道理，那就是创业道路并不是一帆风顺的。在创业的过程中一定会出现这样或者那样的问题，一定会出现或多或少的困难，当创业者遇到"拦路虎"时，要以不达目标誓不罢休的心态来对待问题和解决问题；要在遇到困难的时候，勇敢地面对问题，找到问题存在的症结，对存在的问题"对症下药"，最终将其圆满地解决。如果不具备较强的抗压能力，遇到一点困难或者挫折就一蹶不振或者消极地对待存在的问题，那么问题就永远不会被解决，又何谈创业者成功创业呢？所以，创业者不仅要具备敏锐的创业眼光以及对市场需求的洞察能力，更要具备极好的心理素质。

4. 思想素质是创业成功的基石

创业者是创业活动的组织者与发起者，需要具备的素质很多，思想素质就是其中之一。具备了一定高度的思想素质才能够在创业开展的过程中制订出最合适的策略，才能够带领创业团队在创业的道路上奋勇前行。创业者要具备用长远的眼光看问题的素质，要能够了解市场所需并且能够预测未来一段时期内市场需求的变化。当意识到市场需求发生变化后，创业者要及时地调整营销方式并开展对产品的整合，使得企业产品能够在市场中保持旺盛的生命力，而不是一经问世就迅速"枯萎"。此外，创业者也不能故步自封，有些创业者认为目前的销售状况已令人满意不需要再扩大市场了，其实则不然，因为我们虽然强调创业者不能盲目地扩大市场，但是并不意味着不扩大市场，我们强调的是既要勇敢地去创新产品和开拓市场，也要注意在这个过程中把握好一定的尺度。不能不去做，同时也不能超出一定的尺度。如何准确地把握住这个度，是摆在创业者面前的一个需要思考的问题，而决定这一切的前提是创业者必须具备思想素质。

5. 知识素质是核心

"知识就是力量"是一个亘古不变的真理，是的，用知识武装头脑，用知识改变命运一直是我们的座右铭。对于创业者来说也不例外，知识是帮助他们实现创业梦想的有力"武器"，是帮助他们实现人生价值的一个重要因素。没有一个创业者在脑袋空空的情况下就能够创业成功，即使侥幸获得了成功，也只是暂时性的成功。知识素质才是支撑创业者创业成功的源泉。所以创业者必须充分地意识到知识的重要性，即使已经拥有了较高的学历，也不要因此沾沾自喜。因为高学历并不代表高素质，它只是对过去一段学习生涯的总结，要将知识转化成行动，转化成经济效益，才能够实现知识落地的目标。此外，创业者要掌握国家有关的法律法规与政策制度，创业只有在不违法违纪的情况下，才是健康有序的。创业者还要掌握管理学、消费者心理学、营销学以及财务类等多领域的知识，可以说，创业者不是一位知识的"专家"，但一定是一位知识的"杂家"。

6. 经验素质是前提

当读者看到这个标题时，可能会发出这样的疑问：我是初次创业，怎么会具备经验素质呢？诚然，对于创业者来说，很多时候并没有从事过他所创业领域的工作。比如，一家奶茶饮品店的创业者并不一定从事过奶茶饮品的销售工作。对于这位创业者来说，这个领域对他而言就是陌生的，自然也无从谈起经验素质了。但是有的时候，没有经验素质又会导致创业的失败，因为创业者无法掌握他所创业领域的一些内部人员才能够掌握的知识。但是，没有经验不可怕，也不要恐慌。创业者在明确了自身存在的短板后，就要在创业过程中做到多学、多问、勤于思考、善于发现和总结，慢慢地，经验就丰富起来了。

7. 协调素质是助力

创业活动并不是创业者一个人就能够完成的。创业团队或者企业是一个集管理部门、销售部、财务部等几大部门为一体的组织系统，并不是一个人或者几个人就能够完成创业活动。各个部门虽然所做的工作有所不同，但是其最终的目标都是通过各部门成员的不懈努力，实现企业盈利。只有企业盈利了，企业成员才能够获得相应的社会与经济价值。因此，如何进行工作任务的分工，使得每一个部门的员工都能够毫无怨言地投入工作中，不会觉得厚此薄彼而抱怨连连是值得创业者深度思考的一个问题。如果分工不合理就会不利于企业员工之间的团结，员工就会存在猜忌与抱怨，创业企业自然无法健康地成长。所以，创业者要具备协调素质，只有这样才能够做好相应的协调工作。

第二章　大学生创新创业应具备的素质

大学生进行创新创业已经不再是什么新鲜事，回想起早期开展大学生创新创业教育时，许多社会各界人士包括学生与学生家长都持怀疑与反对的态度，这是一种正常的情况。任何一项新的事物在来到我们面前时，由于没有可以参考与对比的对象，大家投来质疑的目光是意料之中的事情。不过，中国有句俗语说得好：事实胜于雄辩。大学生创新创业教育经受住了岁月的洗礼，它为国家培养和输送了许多的复合型人才，改变了大学生在面临就业困难时束手无措的尴尬局面，促使大学生知道创新创业来不得半点儿虚假，必须具备真才实学才能在创新创业的浪潮中成为"弄潮儿"。那么，大学生在创新创业的过程中需要具备哪些素质呢？本章将进行重点介绍。

第一节　创业意识

世界上并不存在"天上掉馅饼"的事情，更不存在坐享其成的事情，任何一项工作都需要在付出努力与汗水后，才能收获累累硕果。对于大学生创新创业这件事来说也不例外。首先大学生需要具备强烈的创业意识，这种意识能够促使他们发出"我要创新创业"的呐喊。意识是促使思想变成行动的"助推器"。因此本节对创业意识进行探讨。

一、关于创业意识

对于某件事情有着强烈的执着的追求，并且可以为了实现这一目标而付出不懈的努力直至目标达成，这就是对创业的描述。而大学生想要开展创业活动，首先需要具备的就是强烈的创业意识，只有当这种意识如一团熊熊烈火炽热燃烧时，才能点燃激情，使得大学生全身心地投入创新创业事业；才会形成强劲的动力来支配大学生开展创业活动；才能在创业过程中遇到困难与险阻时，克服和战胜困难。强烈的创业意识具有强大的内在驱动力，促使大学生在创新创业过程中加足马力快速步入发展的快车道。

需要注意的是，时代特征与社会环境是产生创业意识的基础。因为如果处于一个战争、疾病肆虐的社会环境中，能够填饱肚子、满足基本的衣食住行都是一种奢望，试想又怎么会出现创业意识呢？比如，在新中国成立初期，一切事物百废待兴，大家都在为填饱肚子而奔波，不会将关注的目光停留在其他事物上，自然不会出现创业意识。而今天许多大学生之所以萌生了自己创业的想法，产生了强烈的创业意识，与时代主题和社会环境密切相关。

二、诱发创业意识的因素

促使大学生开展创业的原因有很多，每一个创业人都有诱发自己进行创业的特殊因素。这个因素是多种多样的，有的是为了实现儿时的梦想，有的是出于对某一个职业或者领域的热爱，想在热爱的领域中做出一番成就，实现人生价值，有的是为了满足父母的心愿……这些创业动机促使大学生创业者不断开展创业活动。一般而言，创业意识的诱因分为以下几种。

（一）响应政府号召

大学生就业难已经成为一个社会性的话题，并且大有一年更比一年难的趋势，许多大学生受到这种趋势的影响，已经产生了心理阴影，出现了害怕毕业的逃避心理，因为毕业可能就意味着失业。不仅我国存在大学生就业困难的问题，其他国家也未能幸免，同样存在这样的问题。但是，逃避问题并不是最终解决问题的方式，就业困难的问题已经存在，我们只有找到一个有效解决问题的方式，才能最终将问题解决。因此，近年来，上至党中央下至地方政府，制定和出台了多个鼓励大学生创新创业的政策，将创业的门槛降低，打开创业的大门，鼓励大学生在创业的舞台上大显身手。

（二）对现实生活工作状态的不满

大学生被誉为"天之骄子"，他们有学识、有理想、有抱负，但是这些优秀的品质与学识终究要落实到现实生活中来。而许多大学生一直在校园内学习与生活，思想与行为较为单纯，并未受到社会染缸的"洗礼"。相对而言，外面的世界对于他们来说是陌生的，他们对于校园外的世界是向往的，也是充满着无限期待与憧憬的。但是，当他们走出校园、走向社会以后会发现，许多事物并非如他们想象得那般美好，比如人与人之间的倾轧、为了达到某个目的而违背一些原则。当他们看到这一幕幕时，难免会对现实中的生活与工作状态产生不满情绪，甚至产生失望之情。当这种情绪积累到一定程度时，他们就会萌生出自己创业的想法。

（三）对熟悉项目的强烈兴趣

通过调研发现，许多大学生创业者在选择创业项目时，会不约而同地选择他们感兴趣的项目或者熟悉领域中的项目。人类心理学研究表明，人容易在熟悉的环境中放松自己，发挥自己的才能，充满了安全感。在一个陌生的环境中则会出于本能的自我保护的心理而将自己封闭起来，不愿意打开心扉与人交流。所以，当我们处在一个周围都是陌生人的环境中时，我们会感觉到恐惧、无助，失去安全感。因此，大学生创业时，他们深知这是一件充满风险的事情，没有人能够预测创业能否成功，未来是否能够获得可观的收益。而选择熟悉领域中的项目或者感兴趣的项目能够增加他们的创业兴趣，帮助他们实现成功创业的目标。

三、大学生创业意识的培养

意识并非人人都有，有时候需要高校有针对性地开展培养工作，具体途径如下。

（一）培养大学生的家国情怀，增强爱国意识

有一首歌曲的歌词写得非常好：我爱我的国，我爱我的家。短短的十个字却生动而形象地概括出了每一个中国人都要具备的家国情怀。今天的大学生处于和平年代，生活富足且安逸，也没有经历过坎坷与曲折。在这样安逸的环境中，许多大学生在不知不觉间将家国情怀淡忘了。因此，高校在开展创新创业教育时要将家国情怀融入其中，树立远大的人生理想，这样的信念足够坚定，大学生的创业意识也就愈发坚定。

（二）为学生提供发展兴趣的平台，培养创业意识

许多大学生在学校时就表现出对创业的兴趣，苦于没有一个施展的空间与舞台。如果他们利用校外平台开展创业会被家长认为是不务正业或者会耽误学习，即使他们有很多有创意的"金点子"，也没有一个能够充分发挥才能的空间。因此，各高校要根据本校的实际情况，开设一些能够展示学生创业项目的平台，学生要积极地参与到学校提供的活动中，形成双向发展的模式。

（三）勇于挑战，大胆创新

大学生处于人生当中"马力"最足的阶段，他们需要用汗水来浇灌梦想，

需要用努力来书写辉煌。他们应该在奋斗的年纪充满激情与热情，并且带着满腔的热情投入事业中，而不是选择随遇而安，满足于现状。只有勇于挑战自我，大胆地进行创新，才能够在青春纪念册中书写下灿烂而美好的篇章，才能够无愧于父母、高校的培养。所以高校需要将这一理念传递给大学生，只有这样，才能够培养他们形成强烈的创业意识。

（四）遇到困难不退缩，培养坚毅的品格

高校要将培养学生坚毅的品格作为一项教学任务。当代大学生大部分都是00后，他们生活在一个安逸的年代，从小到大都是父母的"心头肉"，从未遇到过什么挫折，即使遇到一些困难，也是由父母帮忙解决，自己并未成为能够独当一面的青年。所以当他们面对挫折与困难时不知道怎么办，当问题无法解决时，他们就会产生逃避甚至厌世的心理。因此，近年来，新闻媒体报道中频频出现青少年跳楼事件，这是因为他们在遇到问题时，没有迎难而上，而是选择了逃避与退缩。如果出现了这样的思想，怎么能够产生创业意识呢？创业是一项充满了风险与挑战的活动，创业过程中会出现一些意想不到的问题或者困扰，如果没有一个坚毅的品格作为支撑，创业活动是无法完成的。

（五）参与社会实践，培养创业意识

我国的教育模式曾经是应试教育，以分数的高低来论成败，这一模式渐渐地被素质教育这种全新的教育模式所取代。近年来，素质教育理念不断深化，人们又提出了理论与社会实践教育双结合发展的教育理念，越来越多的学校开展重视社会实践教育，甚至安排了专业的教师来开展这项教育工作。这为激发大学生的创业意识注入了新的动力。因为大学生通过参加一些社会实践活动，能够打开心扉，锻炼自己，增加与外界的交流，了解课本中学不到的知识，在这个过程中，创业意识也在无形中得到了培养。

（六）摒弃错误思想，对创业有一个正确而全面的认知

大学生开展创业只有在天时、地利、人和的条件下才能完成。大学生的手中并没有创业资金，也没有丰富的创业经验。因此他们开展创业，需要得到社会以及家庭的认可与支持，社会与家庭要给予他们鼓励，不能一盆冷水浇灭他们的创业意识。在许多人的观念中，大学生在毕业后找一份稳定又安逸的工作才是首选，这些人认为创业就是"瞎折腾"。家庭与社会要将这种错误的认知摒弃，以全面客观的角度来支持大学生创业，保护他们的创业意识。

第二节　创业精神

创业精神如同黑暗中的一盏明灯，会指引着大学生创业者在创新创业的道路上向着光明的方向前行，而不是在黑暗中找不到方向莽撞前行。由此可见，创业精神在创业过程中必不可少，占有举足轻重的地位。虽然它以"看不见、摸不着"的形态存在，但是它存在的意义与价值是不容忽视与否定的。一般而言，创业精神包含下列几种。

一、欲望

创业是什么？是责任还是欲望？抑或是被解构后的时代情绪？其实每一个人都有欲望，都有很大的野心，当然这个野心并不是绝对意义上的贬义词。将野心转化成欲望，将欲望转化成行动，才是正确的选择。从对一些成功的大学生创业者的访谈来看，大学生创业者开展创业的初衷惊人的一致，那就是创业欲望。他们迫切地想要将知识转化成财富，实现财务自由的目标。而且在这类群体中，家境贫寒的大学生创业者占了很大的比例。

一位受访者说："我从小家境贫寒，父母供我读书已经实属不易，我实在不忍心看到他们为了替我筹措生活费而劳累奔波，所以我在高中时期的暑假就把家里的西瓜摆在村口显眼的位置售卖。这个位置是前往当地旅游景点的必经之地，而夏季气温较高，大家都想在炎炎烈日下吃上一口甜甜的西瓜。我将西瓜放在盛着凉水的盆里，既清洗了西瓜表面的尘土，又对西瓜进行了物理降温，来到这里的游客看到我的西瓜后纷纷抢购，每天都能有不少的收入。因此一个暑假我就将自己的学费与生活费赚出来了。进入外地的大学就读后，显然已经不能再复制这种方式。因为西瓜并不是自产自销，需要投入一定的成本，对于处于学生时期的我来说不易实现。但是机会是留给有准备的人的，我经过走访与调查后发现，我所在的高校位于远离城区 40 千米的大学城内，出行以及购物都十分不方便，而校外超市的产品种类少、产品价格高，质劣价高的情况使得学生对质量好且价格低的日用品或者生活用品的需求度达到了一定的程度。我发现了这个商机后，赚钱的欲望促使我要尽自己所能来满足其他学生的需求，同时也能够实现我赚取学费和生活费的目标。于是，我选择在周末时来到当地最大的商品批发市场调查。我将整栋大楼的产品全部查看了一遍，挑选出一些在高校中拥有较大市场的产品，与经营者谈价格、谈合作。为了节省时间，实现利润最大化，整整一天的时间内我没有吃一口食物，喝一口水，最后拖着疲惫的身体回到了校园。很快由我亲自挑选的第一批货品来到了校园，但出乎意料的是，学生对产品的认可度并不高，没有出现我预期的效果。当时深深的挫败感笼罩着我，我百思不得其解，更感觉到被现实狠狠地打击了。我想过放弃，但是强烈的创业欲望再次鼓励了我，我不希望自己被困难打倒，更不希望自己成为一名逃兵。于是我振作起来，认真思考为什么会出现这样的情况。通过观察我发现，虽然产品的价格降低了，但是款式和颜色相对来说也有一点落伍，不符合学生求时尚、求新颖的特征。当找到问题的症结后我及时地调整了自己的心态与想法，做出了产品调整。第二批产品来到校园后，果不其然深受学生喜欢，被抢购一空。现在回想起来，并不是我的创业思路有多么完美或者独具特点，而是因为我在遇到困难时没有一蹶不振，而是选择积极地去面对它、解决它。支撑我做出这一行为的重要因素就是创业的欲望、赚钱的欲望，没有欲望的支撑，也许我在遇到打击后就会选择举手投降了。所以有赚钱的欲望是好事，不能一味地打压，有了欲望才能产生创业意识，才能将创业落到实处，否则一切都是空谈。"

通过以上例子不难发现，欲望是开展创业的"源动力"，没有欲望就没有对美好生活的追求，失去了欲望，就失去了行动的动力。

二、自信

许多大学生在进行创业之前，总是会发出这样的疑问：我这个创业项目是否可以成功？如果创业失败了如何是好？总是出现自我质疑、自我否定的情况，心理承受能力也随之降低。这是因为创业充满了不确定因素，这个因素可以是成功因素，相对应的也有可能是失败的因素，就是因为惧怕失败，所以才令他们产生了深深的焦虑。出现这种心理实属正常，因为当一名大学生创业者要去面对一个未知的环境或者未知的决策带来的结果时就会产生焦虑，这种焦虑会影响身体中的感官系统。此外，之所以出现这种焦虑的情绪，是因为大学生创业者失去了安全感，这种安全感是建立在自信的基础上的。大学生创业者缺乏自信是因为他们没有创新创业的经验，经验方面的欠缺和不足导致他们没有坚定的决心，大学生在面对创新创业时，总是会缺乏勇气。为了改善这个情况，大学生要在日常学习与生活中着重培养自信心，要多阅读一些相关方面的书籍，从书中找到建立自信的种种方法，并且要学以致用。大学生还可以利用互联网平台多参与一些大学生创新创业比赛，在比赛中找到自己存在的不足。因为一场比赛实际上就是一场高手过招的擂台赛，比赛能够帮助大学生累积更多更优秀的关于创新创业类的资源与知识。即使没有参与比赛，作为一位旁观者也能从中学习到不少的知识，能够认识一些志同道合的伙伴，这对于今后自主创业都能起到重要的作用。大学生要通过多种方式来增强自信,坚定不移地认为"别人行,我也能行",不断地为自己加油打气。因为每一个人都需要不断地暗示和自我鼓励,而又恰如其分的自我鼓励与激励是保持自信的秘诀。当然这份自信是建立在对自我具有正确的认知的基础上的,不能盲目自大或者妄自菲薄。要坚持进行自我鼓励,相信在不久的将来,大学生创业者一定会以充足的信心投入创新创业的活动中。

三、胆量

日常生活中经常听到一句话:有胆你就来。做任何一件事情或者开展一项工作,胆量是决定是否去做的因素之一。如果缺乏胆量,人们根本不敢迈入创业的门槛,自然也就不存在创业行为了。而当别人有胆量进行创业并且创业成功后,那些曾经因为胆怯而放弃创业的人又只能仰慕和羡慕创业成功的企业家了。其实每个人都能够成为一名成功的创业者,但是成功与失败之间似乎缺乏的就是那么一点点的胆量。如果鼓足勇气,大胆地迈出第一步,就会发现曾经害怕的事情、不敢去做的事情也不过如此。只有具备了冒险家的精神,才能够在探索的道路上找到理想的目标。

一名大学生创业者犹如一名优秀的猎人,当发现目标"猎物"后,会大胆地迅速出击,将目标捕获。如果在发现目标时,出现了犹豫不决、踌躇不前的错误行为,目标一定会稍纵即逝。因为目标不是任何时候都存在的,只有当它出现的时候,猎人快、准、稳地大胆出击,才能够大获全胜。那些在还未开展创业活动前就缩手缩脚,担心自己做错什么而受到别人的指责,或者惧怕别人戴着有色眼镜看待自己的创业者,是无法成为一名优秀的具有冒险家精神的创业者的。创业者如果缺乏胆量,创业活动就犹如飘零的小舟,无法驶向胜利的彼岸。

第三节　创业知识

当一名大学生萌生了创业意识后,需要考虑的是自己是否具备了创业知识。只有丰富和完善与创业有关的知识,才能够真正地用奋斗诠释青春,用丰富的知识来圆满完成创业任务。

一、专业知识

大学生在创业时会产生比其他创业人更强的自信心,这份自信来源于他们所受的全面而又系统的专业知识教育，换句话说，对某一个领域或者某一行业的了解越深入，其创业的自信心就越强。比如，设计专业的大学生在进行创业时，往往会选择与其专业有关的创业项目。因为经过4年系统的专业知识学习，他对专业知识的掌握已经达到了一定的高度，只需要在实际工作中积累实践经验即可。所以，业界人士经常提到一句话："专业的力量是强大的，专业的力量更是无穷的。"大学生在明白了这个道理后，就要在学习的过程中，注重知识的积累，不断地巩固专业知识，更要学会融会贯通、举一反三，尽可能多掌握一些专业知识或者与本专业有关的知识内容。因为当今社会强调的是跨界组合发展，如果仅仅局限于一个领域则无法适应时代的发展。所以多掌握本专业以及与本专业有关的知识是时代所趋，大学生要通过这种方式来丰富自己的知识"口袋"，使得这个"口袋"越来越满，越来越丰富。只有这样，有朝一日需要利用到"口袋"里面储藏的知识时，才能够胸有成竹、不慌乱。

纵观一些成功的大学生创业者的创业事迹不难发现，他们不仅仅具备创业思维，丰富的专业知识是促使他们开展创业的强大动力。因为专业知识给予了他们十足的自信，当汲取了养分后的自信在体内扎根后，会在大学生的体内发出"去创业吧，去更大的舞台展现你的美"的呐喊，所以只有拥有丰富专业知识的大学生在面对创业时才会底气十足、信心满满。

二、管理知识

一家成功的企业不仅仅在市场竞争中占有绝对的优势，同时也一定是一家拥有能打"硬仗"的管理团队的企业。因为产品的研发与管理以及市场推广等每一项工作都是由团队成员来实施和完成的，由此可以看出，对于团队成员的管理工作是十分重要的，一家风气正、产品质量过硬、管理制度完善的企业往往在同类企业中占据着无法被轻易超越的优势地位，所以，大学生需要在掌握专业知识的基础上多学习管理方面的知识，丰富的管理知识能够帮助大学生找到创业成功的"锦囊"。管理知识通常包括以下几个方面的内容。

（一）计划

大学生在开展创业时一定会制订创业发展计划，这个计划需要与创业发展目标紧密相连，需要紧扣时代主题，需要体现出创业者的创业思维，因此大学生不要制订一些不切合实际或者风险性较高的计划。当发现计划与实际市场需求有偏差时，要及时地对计划进行修改，以此来适应市场需求。计划制订得完善，才能促使大学生在开展创业时一步一个脚印地前行，在成长的道路中每一步才能走得更稳健、更扎实。需要注意的是，计划并非一次制订就能够"终生"适用。因为在这个瞬息万变的时代，许多事物的变化之快令人咋舌，所以，计划要根据实际情况不断地进行调整。

（二）组织

管理者需要具备管理组织以及制订有效的组织发展措施与策略的能力，确保组织持续发展下去。管理组织并不是一件容易的事情，因为在发展的过程中，总会有一些令人意想不到的困难出现在管理者面前。遇到问题时，管理者要沉着冷静地处理，不要慌乱，更不要失去管理的方向，因为如果管理者自己沉不住气，其对组织的管理效果可想而知，自然是一片混乱。所以，大学生在创业前要明确组织存在的意义，要掌握如何对组织进行有效的管理，这会使其在创业的过程中开展管理工作时更加得心应手。

（三）控制

如何对人力、财力等进行有效的控制是大学生在创业前必须要掌握的创业知识内容之一。因为如果一家企业或者一个创业团队失去了控制，其后果是十分严重的，会使得企业或者创业团队根本无法正常运行，无法开展日常管理工作，最终变成一盘散沙。这样的企业或者创业团队会迅速走向衰亡。所以，控制适用于任何企业活动。大学生学好相关的知识，在开展管理工作时能更加顺利。

（四）激励

很多人都有过类似的经历：在学生时期，学校会在每一学期期末的时候召开一次全校表彰大会，在会上对一些表现优异的同学进行奖励，为他们颁发奖状或者奖品，以此起到激励的作用。站在颁奖台上的学生面带微笑露出开心而满足的笑容，台下的学生投去羡慕的目光，许多学生在心中暗暗发誓，要向优秀的同学学习，在下学期的时候也要站上颁奖台。由此可见，激励对于一个人的成长起到了不可忽视的作用，它能够让每一个人获得精神与物质方面的满足，而这种满足是溢于言表的，更是无法用金钱换来的。它是一种精神上的激励，更是一种巨大的精神财富，是一种无价之宝。在大学生需要学习与掌握的管理知识中，如何激励团队成员是需要重点掌握的，因为激励对于激发一个人的内在潜力与增强工作动力具有重要作用，能够让团队成员更好地工作。另外，要让创业团队的其他成员明白团队所获得的每一个成就都有他的一份功劳，自己在团队中是能够创造一定的价值的，而不是默默无闻的"隐形人"，每一个人都对自己能否创造价值十分在意，大家都想通过自己的努力与汗水获得其他成员的认可，都希望能够奉献自己的力量，而不是"坐冷板凳"。当得到认可与激励后，团队成员会更加安心地开展工作。所以，大学生除了要懂得识人、用人、管人的管理知识，更要懂得如何激励团队成员。当然，这种激励不仅仅体现在经济上，也要体现在对团队成员的人文关怀上。比如，有的企业将每个月的 1 日设置为员工"生日欢聚日"，企业会在这一天购买蛋糕、做长寿面、购买一些小礼物来为所有在本月过生日的员工庆祝。在火红的生日蜡烛前许下心中的美好愿望，吃上一碗饱含祝福的长寿面，相信在这一刻，每一位员工的内心都是开心而充满感动的。有的员工说："这是我长这么大以来第一次有人记得我的生日并且为我过生日。"他们在欣喜之余流下了感动的泪水。这一刻，大家的心是连在一起的，大家的情感是达到共鸣的。还有的企业设置了优秀员工海外游的奖励，当员工登上了前往异国他乡的飞机时，他们的内心同样是喜悦而激动的，这会激励他们在今后的工作中更加努力。这种精神与物质的奖励其实就是对员工进行激励的一种体现，小小的福利待遇换来的不仅仅是员工的积极性，更能留住优秀的员工。怎么让团队成员保持工作的积极性并留住员工，是值得每一位大学生创业者去研究的学问。

三、法律知识

需要注意的是，任何创业必须建立在创业者知法和守法的基础上。如果凌驾在法律之上或者明知道创业活动违法违纪却仍然一意孤行，必将受到法律的制裁与道德的谴责。当今社会，对金钱的崇拜盛行，许多人在无形中将最宝贵的一些品质丢掉了，比如诚信经商、对产品的质量必须严格把关等要求被当作耳旁风，取而代之的是假冒产品的泛滥、产品质量的下滑。所以，大学生创业者如果要开展创业，一定要认真阅读与学习相关的法律法规知识，不要做违法违纪的事情，不要为了眼前的一点利益而违反法律，要将法律知识作为自己在创业中大展身手的有力武器。

四、营销知识

大学生在创业前都会阅读、学习与市场营销有关的知识，因为创业项目最终要落实到产品的销售上，产品能否被消费者接纳与认可，其重要的衡量标准就是投向市场后的经济收益，如果产品畅销，则证明关于产品的营销方案是可行的，反之如果将产品推向市场后，消费者反响平平，或者对产品"不感冒"，则证明销售方案可能存在一定的问题，需要及时调整营销方式。大学生如果不具备营销知识，当面临这个问题时，就会茫然不知所措，即使想要改变营销策略，也不知从何处改起。

五、会计常识

许多人对会计工作存在错误的认知，认为做好会计工作只要记好账、做好账、不做假账就可以了。其实并不是这样的，会计并不是一个组织中的附带职能，而是在组织中具有独立职能的一种存在形式。所以，大学生不一定要精通会计相关的知识但是一定要有所了解，而且要组建专业的财务团队，划分好职责，使得团队成员都能够发挥自己的特长，提高工作效率。

六、了解创业环境

大学生所在地区教育事业的发展程度以及民族习俗、社会传统和文明水平等，都会对其创业产生影响，因此了解创业环境是非常有必要的。

在知识经济时代，人才和科学技术的价值得到了充分的体现。大学生创业在我国作为一件新鲜事物，正受到社会的高度关注。近年来，伴随着风险投资、互联网和电子商务在中国的发展，一批大学生创业企业相继诞生，大学生创业已不仅是个人的选择，而且已经成为一种社会认同的有价值的行为。

（一）创业环境的分类

创业环境可按以下几个标准进行分类。

1. 按创业环境的构成要素分类

按构成要素，创业环境可以分为经济环境、政治法律环境等。经济环境是创业环境中最根本的组成要素，各国家或地区的经济体制、经济结构、经济发展水平将直接影响创业企业发展的目的、方式、规模和结构，而且经济环境还可通过对政治环境、文化环境等方面的影响，进而影响企业的发展。政治法律环境是指政治机构、法律等影响或制约各种组织与个人的压力集团的总和。科学技术环境是指企业所在社会环境中的科技要素的总概括，主要包括以下几个因素：科技水平、科技力量、科技体制、科技政策与科技立法。社会文化环境是指一定时期内社会文明发展的一般状况。

2. 按软硬环境分类

硬环境又称环境硬件或有形环境，是指创业环境中有形要素的总和。软环境相对于硬环境而言主要是指无形的创业环境要素，亦称无形环境。

硬环境是人们首先要考察的环境要素，也是创业环境的物质基础。但是，软环境要素在创业环境中的作用显得越来越重要，它可以增强或者削弱硬环境的吸引力。软环境的变化不仅直接影响企业，软环境中某些因素的变化还会直接导致硬环境的变化，从而通过硬环境的变化来间接影响企业。

（二）创业环境的影响作用

近几年来，中国的经济环境发生了天翻地覆的变化，对于创业者来说，整个宏观经济环境的持续变好无疑是一个十分有利的因素。良好的环境因素是进行创业的前提。

创业机会受环境因素的影响和制约，较简单的文化与较发达的文化相比，这种制约作用表现得更为明显与突出，且会使之成为决定性的因素。

目前，我国的创业环境较好，创造愿望能够得到尊重、创造活动能够得到支持、创造才能能够得到发挥、创造成果能够得到肯定，这样势必就会增加创业机会。但这只是一种表象关系，因为增加创业机会并不是绝对的。应该说，这种认识和分析只是就一般情况而言，其实这种看法是不完全正确的，也是不科学的，因为它忽视了对创业环境特殊情况的研究。在环境变化的同时消费需求也随之变化，客观上存在着许多尚未满足的新需求，即商业机会。但对于创业者来说，只有当这些商业机会符合创业者的优势、能力与创业目标时，它才能转化为创业机会。

在众多的创业环境要素中，需要实现一种和谐和平衡。有时一种创业环境要素突然攀升，不仅不会增加创业机会反而会减少创业机会。例如，某市为改善便民市场的环境，将其重新装修，设置成一站式购物模式，即必须从进口进入，选择好购买的产品后，在出口处结账后方可离开。但是由于缺乏前期调查，投入使用后，经济效益未达到预期目标。因为老百姓来买菜，都是选择自己需要的一两种后便离开，方便省事。而设置成统一结账，大部分人要走很长一段路才能到达出口，大家觉得很不方便，过程烦琐，渐渐都不来这里了。

在创业环境中有一种情况是，创业环境较好，便有一大批同类型的创业企业聚集。这些集聚的创业企业有时会对周边的自然环境造成影响，这种造成相邻关系恶化的情况也会影响创业机会。比如，天津的西堤头村集聚了众多的小化工厂，大量的废气和废水被排放出来，造成周边环境的严重恶化，创业环境遭到破坏。

第四节　创业能力

创业的实现需要大学生创业者具备一定的能力。如果没有一定的能力是无法在创业的海洋中扬帆起航的，也无法实现创业目标。所以能力对于大学生创业者来说至关重要。

一、学习能力

每一个创业成功的人士在面对学习机会的时候总是全身心地投入其中。因为他们深深地明白一个道理，那就是"书中自有黄金屋"。在这个知识时代，如果不抓紧时间补充自身的不足，不抓紧时间学习各个领域的知识，最终会被时代所淘汰。所以他们将学习的目光投向各个领域，甚至向竞争对手学习、向农民学习、向一线劳动者学习，他们将学习的"课堂"延伸到田间地头、劳动场所……因为他们深知，"三人行，必有我师"，只有坚持向身边优秀的人学习，坚持到群众中去、到实践中去，才能够真正学习到知识，才能够了解和掌握真实的情况，进而提高自身的能力。创业是理论与实践相结合的活动，只有在学校期间学习到的专业知识是不够的，"社会学堂"中的知识更需要学习与掌握。同时大学生还需要向创业团队成员虚心请教，认真探讨，集众人之所长，从推心置腹的交流中捕捉新的知识，设身处地为提升创业团队的整体素养着想，增进与团队成员之间的感情，并转变一些不好的工作作风。

二、应变能力

创业过程并不是一帆风顺的，创业的道路上总会遇到一些坎坷与磨难，遇到坎坷的时候，不要气馁或者自我放弃，而是要以斗志昂扬的姿态去面对问题。如果我们强大了，问题与困难就渺小了。如果大学生创业者抱着"破釜沉舟"的决心来解决问题，相信问题就能够迎刃而解了。而解决问题不仅仅需要信心与决心，也需要运用应变能力，所以大学生在创业过程中遇到问题或者困难时，要冷静分析出现问题的原因，迅速地做出相应的决策，以不变应万变，最终提升自己的应变能力。

三、沟通能力

毋庸置疑，沟通在人与人之间的交往与交流中占有重要的地位，良好的沟通力是每一个人所追求的目标。因为它能够将我们的内心所想与感知以准确且恰当的方式表达出来，并且能够形象生动。大学生的沟通能力也要体现在创业活动中，因为在开展创业时，要与创业团队伙伴打交道，要与多个领域的从业者打交道。如果没有良好的沟通能力，无法将内心的真实想法表达出来，又怎么能够使创业团队伙伴或者合作伙伴接收到传递的信息呢？所以，大学生要着力培养自己的沟通能力。即使性格较为内向，不敢开口或者羞于开口，也要大胆地打开心扉，可以参与一些社会实践活动或者高校组织的社团活动，寻找与人交流的机会，提升沟通能力，相信会对今后的创业大有裨益。

四、经营管理能力

大学生要深知创业成功的一个重要诀窍：打铁还需自身硬。也就是说，自身具备的经营管理能力是需要重点培养与不断提升的。因此，要向创业成功的人士学习他们所具备的经营管理能力，要向本校开展过创业活动的学长虚心请教，不要闭门造车，更不要局限在自己的管理思维模式中。大学生应主动学习与请教，只有这样才能收获真知灼见，并将管理知识运用在实践中，因为实践是最好的教材。想要具备经营管理的能力就需要将自己下沉，使得学习管理不再是浮在水面上的"葫芦"，而是扎进大地的"根须"。在充分掌握了经营管理的知识后，管理的能力才能够得到提升，管理的效率也将会大大提高。只有掌握足够的经营管理知识，才能助创业一臂之力。

五、策划能力

一个优秀的、新颖的策划方案体现了创业者的策划能力，因为新颖的策划方案能够博得大家的关注，能够直击人的内心深处，激起一片涟漪，最终给人留下深刻的印象。而能在大家心中留下深刻印象就等于为产品的推广铺设了一条高速公路，创业活动就等于成功了一半。大学生在经验与资金方面存在不足，这是他们无法避免的一个"短板"，需要通过其他的方式来进行弥补。而策划能力与资金和经验没有直接的关联，只要利用好自己的创意与思维，策划出别具一格的方案，再通过论证就能够运用到创业活动中去，这对于增强大学生的创业自信至关重要。所以在日常学习中，大学生要善于培养自己的策划能力，要有针对性地选择一些能够提升策划能力的书籍，不断学习和累积，终有一日会成为具备突出策划能力的创业者。

六、自我控制能力

自我管控能力也是大学生需要具备的一种能力。因为创业者成了自己的老板，颇有"我是老板，一切事物自己说了算"的意味，所以，在产品策划与时间管控中具有较大的自由空间，这时创业者需要注重提升自我控制能力。因为不受约束的行为可能会使创业项目一夜之间垮塌，所以创业者不能意气用事或者一意孤行，不能出现"听不进劝、递不进话"的情况，要在错误的道路上及时刹车，避免出现对创业活动产生负面影响的行为，做好情绪与思想的"控制师"。

第三章　大学生创业机遇把握与创业项目选择

我们常常听说一句话"机会稍纵即逝"，可见，当机会来临时，不能犹豫，对于大学生创业者来说更是如此。如果发现了机会却迟迟不肯去把握，那么这个机会就等于拱手让人了。所以，创业者想要成功，首先要做的就是把握住创业机遇并培养选择创业项目的能力。

第一节　创业机遇及其把握

创业机遇并不是想遇到就能遇到的，它如同流沙一样，在不经意间可能就会流失。因此，对于创业机遇的把握显得十分重要。

一、如何把握创业机遇

如何能够把握创业机遇呢？影响因素有很多，一般而言，分为以下几种。

（一）开阔视野，广泛收集信息

人类进入信息时代，信息就是资源，信息中包含着机遇。在激烈的市场竞争中，各种机遇就蕴藏在瞬息万变的大量信息之中。因此，无论你做什么，都要时刻留心机会、注意收集信息。开阔视野的途径有很多，如旅游、接触陌生人、看新闻、与朋友或者老师聊天等。接触和尝试的新东西越多，我们就会越聪明和具有创造力。我们必须伸长"触角"，广泛收集信息，从中发现机遇，并把它转化为相应的经济效益和社会效益。

（二）善于识别和捕捉机遇

对于创业者而言，最难过或者最痛苦的事莫过于机遇来临时却浑然不知，直到机遇与其擦肩而过。信息是捕捉机遇不可缺少的要件，但只会收集信息还不够，还要学会分析、利用信息，识别信息的价值。并不是所有收集到的信息都能在创业者的手中转变为财富。创业者需要培养对事物的洞察力和判别力，这样才能从丰富的信息当中挖掘出那些对自己非常重要的信息。这就要求创业者把自己培养成一个有准备的人，即使自己具备敏锐的观察力、准确的判断力、丰富的想象力和科学的预见性。从根本上说，就是要从知识、能力、品德等诸多方面完善自己，提高自身的综合素质，形成敏锐的市场触觉。

（三）为实践创业机遇创造条件

创业者在发现创业机遇以后，就要制订计划，为计划的实施做好准备。我们所说的条件包括"软件"和"硬件"。所谓软件，是指抓住创业机遇所需要的企业形象、政策、工作制度和管理方法等。所谓硬件，是指抓住创业机遇所需要的人、资金、设备和场所等。

二、大学生创业机遇的选择和影响因素

大学生创业虽然是一个热门话题，但是从整体情况来看，还未达到预期的状态，其中有一些影响创业机遇的因素值得探讨。

（一）大学生创业的时机选择

机遇是可遇而不可求的，对于大学生而言，发挥自己的潜能，把握住社会机遇非常重要。从目前的情况来看，大学生的创业时机主要分以下两种情况。

1. 在校创业

在大环境的驱使下，许多在校学生在创业方面已经小试牛刀，并且取得了一定的成效。在创业过程中，学生真正做老板，不是为别人打工，而是为自己打工。这就要求大学生有创业的意识，了解有关创业的知识，自觉接受有关创业的培训，做好知识、能力、素质等方面的准备。当然在进行创业的同时，必须将创业与学业的关系进行合理调配，以不影响学业为前提进行创业。对于大学生在校期间该不该创业，有两种截然不同的观点：一种观点认为学业和创业可以同时进行，只要时间安排得当，二者可以相得益彰；另一种观点则认为学习最重要，创业完全可以等到完成学业、走向社会后再进行，因为只有学好专业知识才能很好地创业。

2. 休学创业

为了鼓励大学生创业、优化创业环境，目前，部分地区的政府教育主管部门和有些学校制订了允许学生休学创业的政策，目的是给寻找到创业机会的学生提供方便，避免产生学业和创业间不必要的激烈冲突。

（二）影响大学生创业的因素

大学生创业除了要具备创业意识和创业能力以外，还需要掌握与创业有关的知识。而家庭、学校等客观因素对大学生创业选择也会产生重要的影响。

1. 学校因素

人生是一个不断适应社会的过程，大学阶段是一个关键时期，人的思想理念、道德品格都在这期间逐步成型，所以说大学会对个人产生重要影响，甚至会影响其今后的一生。首先，个人职业趋向基本稳定。有别于中学时期的基本通识教育，大学更注重职业方向的确定，很多学生从步入大学那一刻起，就要面对职业规划问题。所有的基础课程、专业教育都是围绕职业发展方向开展的，为学生思维方式与知识结构的形成提供专业的保障。其次，思想理念趋于稳定。通过不断的知识积累和多方位的文化涉猎，大学生的思维模式逐渐成型，特有的思维方式和知识储备为他们解决人生、社会不同层面的问题提供了理论基础。在此过程中，对于社会、人生，他们也开始形成自己的观点，人生观、世界观、政治观等都逐渐稳定，日趋成熟。

中国传统的教育模式是让学生从小到大都接受理论知识的教育教学，把主要精力放在书本知识上。传统的人才培养模式侧重于课堂上理论知识的教学，学生极度缺乏实践和创新能力。进入大学之后，大学生受这种惯性思维的影响更容易接受被动的教育方式。但是社会现实告诉我们，这样的培养方式会使大学生在毕业之后的工作当中严重缺乏实践能力，从而无法适应社会环境。因此，对大学生加强创新创业实务指导具有现实的意义。

所以，在大学期间，学生不仅要以学业为重，完成各项学习任务，还要对其他领域有所涉猎。如果仅仅局限于一个领域中，则无法培养他们的主动思维和创新创业的意识和能力，不利于激发学生的创新创业潜能，这样培养出来的学生无法满足当今社会对人才的需求。所以，广大学子要多学习创新创业领域的知识，了解当今社会各领域的职场动态与趋势，为自己今后的职场道路打下坚实的理论基础。

2. 家庭因素

父母生活方式的熏陶，会影响子女今后个人职业生涯的规划与选择。职业社会学的理论与实践告诉我们，父母的职业、地位不但影响子女的职业意向，对子女的职业伦理的养成也是具有一定作用的，所谓"将门虎子""世家风范"说的就是这个道理。在日常生活中，我们都有这样的感觉，不同职业背景的家庭其文化也是大异其趣的。教师家庭平常讨论的话题多与教育、考试、学生有关；公务员家庭平常交谈的多与官员职务升迁、地方政府作为、行政领导言行等有关；商人家庭谈论的多与市场投资、经济内容有关。因此，父母如果选择自主创业，他们的子女也通常会选择这样的就业模式。

第二节　创业项目选择

近年来我国涌现出了一大批创业者，创业者也趋于年轻化，其中有成功的，也有失败的。专业调查显示，中国的企业家是最勤劳的，但是创业成功率并不高。创业成功率不高的原因有很多，比如，世界最早的工业革命都发生在欧洲，而非我国，人们的创新精神不足，还有就是当代创业者没有合适的创业项目，资金不足也是重要原因，有的人只是有创业的冲动，很难付诸实践。一些创业者对市场不了解，前期调查做得不深入，也是创业失败的原因。这种情况下，创业者选择一个合适的项目就尤为重要了，俗话说一个好的开始是成功的一半，所以如何选择项目就成了创业环节的重中之重。

一、创业项目选择原则

（一）必须符合相关法律法规

我国是个法治国家，一切商业和创业活动都要遵照法律进行，法律既规定了创业的行为，也为创业提供了更优良的环境。如果创业项目不符合国家法律政策，将会给整个社会和国家带来危害。所以国家对一些创业项目明令禁止，比如，非法买卖枪支弹药、毒品、一些药品、赌博类的机器和工具等；还有的一些行业是在法律的限制条件下进行的，如大型的建筑工程、矿山的开采、油田的开采、海洋捕捞等需要依据法律规定进行；还有一些是法律大力鼓励的，如高新技术产业、互联网行业、文化传媒项目。

（二）创业项目具有可操作性，不能浮于表面

对于大学生来说创业不是个简单的想法，如何选择项目尤为重要，大学生创业经验不足，资金不够，起步比较低，所以创业前期必须深入调查，进行可行性研究，选择比较容易上手的项目，这样起步要容易一些。不能只有一股冲劲儿而不顾是否能够实行。大学生创业一般建议选择资金少的、自己得心应手的行业，且市场潜力大，国家大力支持，规模相对较小，各个环节都不需要太大的投入。相反，选择规模大、资金相对较大且回报慢的项目很容易失败。最好是从小项目开始慢慢积累经验，慢慢了解市场，然后再一步步往大做，这样

才可能把失误率降到最低。稳扎稳打、步步为营才是最好的创业选择。

（三）创意是创业项目得以实施的"法宝"

就创业而言，创新本就是颠覆传统的，大多数人都会选择市场比较成熟、竞争比较小的行业。但近几年随着各国经济的不断发展，传统陈旧的行业已经无法满足需要。所以一些创新的行业如雨后春笋般一夜之间拔地而起，一些大胆的创业者也开始摩拳擦掌、跃跃欲试。但是创新不是一句简单的口号，如何选择富有新意的项目成了创业者面临的难题，"新"不是空想，要立足于市场需求，要符合我国的国情，要评估市场的风险，要看自己的资金数量，还要设计自己的商业模式，这样创业才能容易许多。

（四）在熟悉的领域选择合适的项目

马云多次在大型的演讲中说，年轻的创业者在选择创业项目时要选择自己所熟悉的行业，这说明在自己擅长的行业里做比跨行业更容易起步，创业者可以有更好的想法，创业的成功概率也会更高一些。比如，大学专业是计算机类的创业者在计算机行业要比其他行业更容易上手，学习农业专业的创业者在农业方面要比其他专业的人更具优势。

所以创业者要从自身的优势出发，不能盲目跟风，今天看到别人在互联网方面发展得好就转头跟着做，明天看到金融方面做得好就又跟着加入金融方面，这样下来很可能什么都做不好，甚至以失败收场。个人创业最好是选择自身所熟悉的项目，这样不仅容易上手还与自身的兴趣特长挂钩，更能施展自己的才华，这样在创业时才不至于半途而废，才能更长久更稳定。

二、创业项目选择范围

创业项目有很多，不是每个人都能找到适合自己的，要找到适合自己的创业项目，也要讲究方式方法。

（一）将不熟悉、不能做的项目排除在外

有些行业其实在一开始创业者就不能选择，比如自己从未涉及甚至从未听说过的，一片空白的行业别说起步很难，就连入门都谈不上，所谓隔行如隔山。

有一些项目其他人做得很好但不代表自己就能做，这时需要结合自身的情况和当地的法律法规，要明白什么才能做、什么不容易做，将不熟悉、不能做的项目排除在外。

（二）精心选择能够做的项目

还要掌握国家的政策，有些看似无关的行业其实若有若无都有联系。国家重视保护环境，此时就不能一味地闷头在这个行业继续发展，创业者可以考虑转到新能源行业上来，这就是精心选择创业项目，确定究竟哪些领域可以做、哪些领域不可以做。

有的人可能会选择出好几个项目，要结合自身的专业、资金、资源优势确定好最适合自己的创业项目。找到适合自己的创业项目对于创业活动的完成起到了十分重要的作用。

三、创业项目选择步骤

创业者能不能选择一个好的适合自己的项目直接关系到创业的成败。项目的选择对以后的资金投入、人力投入都有一定的影响，选好了更容易操作、更容易成功，选不好可能就会一败涂地。因此，我们一定要按照步骤进行。

（一）市场分析

创业项目的选择可以说是从市场分析开始的。因此，准确的市场分析是选好创业项目的前提。可靠的市场容量可以为创业企业带来商机，相反也可能会限制创业企业的灵活性与发展。创业项目的市场分析主要包括三个部分。

第一，行业大环境分析。大环境包括国家政策法律条文、市场需求，甚至是国际大环境。调查分析市场环境不是个简单的问题，创业者要了解相关政策和国家的发展趋势，还要了解市场对新事物的接受度，分析和预测行业发展趋势，也可以通过一些经济报告，或者是一些对经济专家的访谈来了解行业大环境。另外，也可以借助互联网来了解行业环境。

第二，目标市场分析。目标市场也就是项目针对的目标消费者人群，涉及消费者的性别、年龄、收入以及地区特色等。如果是针对单位人群，一般要了解单位人群的工作类型、单位规模、利润和购买产品的目的等。一定要明确消费者的特点，这时候做一些市场问卷调查就非常必要。通过问卷调查一般会了解到消费者的年龄、性别、住址、电话，还有一些问卷可以了解到消费者的收入、职业、受教育程度、家庭情况、经济分配情况等。这样有利于我们对目标人群做出分化，也有利于对优质和潜在顾客做好服务。

第三，竞争对手分析。创业不是选好项目就万事大吉了，还要对自己的竞争对手有深入的了解，只有这样才能做到在市场竞争中立于不败之地。我们不仅要做好自己的工作还要学习竞争对手的长处，还要时刻学习先进的知识，扩大自身的优势，要明确知道竞争对手的经营策略、生产规模、销售渠道、技术人员的配备情况等，有了这些信息才能更好地打败对手。

（二）财务评价

选择起步项目必须关心它可能形成的财务效益。财务评价是对过去财务状况的总结分析和对未来状况的预测。对过去的财务分析主要是研究企业的财务状况和财务方面的能力，它的重要程度相对低一些。而对项目未来财务效果的预测，主要是通过对项目的未来收益进行预测，看项目是否能够给投资者带来回报以及能带来多少回报，其重点是项目的预期收益。对企业的预期收益评价主要是预测投资的回报率，这也是风险投资家最关心的问题。

（三）产品与技术评价

创业投资项目的产品与技术评价主要包括六个方面。

第一，产品的创新程度及独特性。一个产品能否在市场上受到青睐取决于产品的创新程度以及独特性是否能适应市场大环境，产品的创新程度必须很高且具有独一无二的特点，别的对手很难复制模仿，从而让消费者只能选择自己的产品。

第二，技术的先进性。众所周知产品的技术含量越高其价值也就越高，技术含量的高低可通过技术功能指标、技术性能指标、技术消耗指标进行衡量。这三项技术指标直接决定了产品的先进水平。一些技术含量高的产品对于顾客来说是很好的选择，顾客利用技术先进的产品更容易解决工作和生活中遇到的问题。

第三，技术的可靠性。技术的可靠性主要体现为技术的成熟性、技术风险的大小，以及技术的配套性。产品技术的成熟性体现在技术的稳定性上，即技术是否通过了多次的工业测试。有的技术尽管是市场上最先进的，但如果风险也相对较大的话，就很难把控，容易得不偿失。技术的配套性主要看技术是否与产品性能相匹配，不是技术越先进就和设备越匹配，一定要找到它们的最佳契合点。

第四，技术的成熟度。一项新的技术要用到产品当中一定要经过千百次的试验，经过千百次的检验，只有达到一定的成熟度才有可能真正用到产品当中。只有通过层层检验确保技术成熟度达标，才能把风险降低，才能保证产品质量没问题，才能让产品在市场中具有竞争力。

第五，拟用技术的规模经济性。如果想让新产品能够在市场中占有一席之地，甚至迅速成长壮大起来，就必须考虑拟用技术的规模经济性。这样就要计算一些指标，比如产品的盈亏、利润空间等。如果这些因素没有规划好，那么企业很可能就会亏损，这样的话根本谈不上利润最大化。

第六，特定产品的投入要求和生产许可。创业者在创业前期就需要投入一定的资金，要得到政府有关部门的许可。但是就创业者来说，创业初期大多都缺少资金投入，好多企业有可能生产不出样品，这样就无法取得政府部门的许可，所以这点是创业者必须要注意的。

（四）风险评估及退出方式设计

第一，进行风险评估。前面说创业前期要做好市场调查，然后要选好创业项目，但是还有一个重要环节就是对项目做好风险评估。需将定性分析与定量分析结合起来，全面分析产品生产当中的各项风险指标以及不确定性因素，比如资金投入风险、产品技术风险、产品投放市场的风险，产品是否符合大多数消费者的需求，可不可以快速占领市场，是不是可以快速回笼资金。只有把风险评估做好才能让企业盈利。如何评估需要注意以下四点。

一是以对技术和产品的评价为基础。技术和产品是一个企业的核心，它们能够决定企业的生命力。

二是把对团队和管理的评价作为评估的关键。人才对于一个企业来说至关重要，人才包括技术人员、管理人员，还有销售人员。比如华为就是一个很好的例子，技术、人才都是一流的，管理人员也是行业的楷模，销售团队也有目共睹。因此，要对企业的人才素质、技术人员的稳定性，以及团队的合作性和协调性进行准确评估。

三是要特别注重对政策环境、人文环境等全方位风险因素的分析。企业要想在市场上走得更长远，就要随时注意政府的政策，比如，大环境的政策、人文环境等方面的政策。只有时刻注意政府的政策才能一直走下去，才能走得越来越远。

第二，设计退出方式。退出方式是创业投资家在评估项目时必考察的一个重要指标。对这一指标考察的重点是评估企业提出的退出依据是否可靠、各种退出方式的可操作性、合同条款中有无保护投资权益的财务条款及财产保全措施等。当然还有一些问题也需要企业考虑，企业只有做好各方面的风险评估，才能做好做大。

第三节　文化传媒产业项目选择

一、文化传媒产业项目情况

在早些时候我国就对文化产业进行了更为详细的划分，而传媒这个产业从文化产业的内层出发包含新闻、报刊、音像制品、电子出版物、广播、电视、电影，从外层出发还滋生出了与之相关的互联网和广告。

传媒这样的一个产业包含的范围比较广，并不是我们所单纯理解的那样。除了内部深层次的内涵范围外，外部所环绕的与之相关的网络文化、广告等都在它的涵盖之内。只不过目前涌现的一些新型事物还未能以一种比较官方的形式存在，或者是没有形成属于自己的一种模式，还是依附于某种成形模式而存在。比如手机并不以一个单独的产业形式而存在，而是将目前的电信业务作为一种载体。所以在未来的通讯领域，手机这类形式的业务都将发展为一种单独的产业，一旦这类业务形成产业，其都将归属为传媒产业的外围环境。

在文化产业的专业术语中经常会提到相关层这个概念，那么究竟什么是相关层。对于传媒产业而言，与之有联系的产业就可以称为相关层。就拿某一部电视剧的整个拍摄过程来说，从前期的拍摄到后期的剪辑、配音、宣传等是一个极为密切的产业链。总体概括来讲，传媒产业在不断发展的过程中与其他产业形成整体的关联，相互融合。当然这个过程不是永远不变的，可能会随着时间的流逝或者某个发展层面的改变而改变。因此需要有不断创新和改变的意识。最为经典的一个例子就是迷倒无数人的《哈利·波特》在深挖出各种衍生产品以后，在极短的时间内又推出了"哈利·波特魔幻之旅"，以吸引游客到英国参观《哈利·波特》系列电影的拍摄场景。

总结西方在文化传媒产业的发展经验可知，传媒产业在整个文化产业的发展进程中起到了极为关键的作用。在 21 世纪这个大数据盛行的社会，传媒更是一个难以移除和忽视的产业，不仅不能移除反而占据着极为关键的位置，在整个文化产业中至关重要。

进入 21 世纪，各国开始争相转变经营模式，不再一味地比拼硬实力，而是投入软实力的竞争。

二、文化传媒产业特点

传媒行业是一个具有独立意识形态的产业，这是一个众人皆知的事实。该类型的产业具有专属于自己的独特性，是其他行业领域所不能比拟的，这就是所谓的得天独厚的优势。这些优势表现得最为明显的就是其具有相对的垄断性质。一旦一定时段内大众传媒数量达到一定数值，该传媒体系将获得大量的受众群体，会形成一定的垄断，是其他行业所不能复制的，当然与此同时也会受到相关政策的制约。

除了垄断这一特性外，传媒行业还有很好的增值性。传媒行业是一个相对比较特殊的行业，前期投资成本高。但是后期运行起来成本较低且发展速度快，在很短的时间内就能看到增值效益，而且未来还会持续获得收益。所以人们会说传媒行业是一个能获得暴利的产业。

传媒行业有最为独特的获利方式，对于传媒行业而言获得收益的方式并不是通过出售某种产品，而是通过造势这种形式，即尽量地扩大传播范围和受众群体，借助其他的形式获取源源不断的收益，广告就是其中一种形式。

三、文化传媒产业项目选择的原则

文化传媒产业是一个相对比较模糊和不好把握尺度的领域，如果想在这个领域创业就必须要坚持一定的行业原则。

（一）经济效益与社会效益要兼顾

文化所酝酿出来的产物具有很强的社会市场属性特征，从某种角度而言它是人们创造经济价值的一种产物，从另一个层面来讲也是为社会做出贡献的一种体现，所以说在发展文化产业的过程中一定不能背离社会价值。故而，从这一层面而言，文化商品和其他商品不能一概而论，文化商品在产出的时候所流露出的价值应该满足大众需求，能代表一定的社会大众价值观，不仅要作为一种产品而存在，还要能引领大众的价值观。在决定产出某种文化商品时一定要考虑带动这一产物流出的源头是什么或者大众真正的内在渴求是什么。其实对于文化商品这一相对较为虚拟的产品而言，其所能带来的经济价值正是源于自己所能带来的社会价值。从这儿可以看出，经济效益和社会效益是共生的关系，一旦社会价值不存在了，那么经济价值也将不复存在，所以经济效益与社会效益要兼顾。

（二）规避风险是"重头戏"

文化传媒产业具有较高的利润空间和较高的风险。因此，当决定进入该领域时，一定要能审时度势，有相对敏锐的市场洞察力，全方位地衡量各处存在的风险，争取在最短的时间内将风险最小化。如何规避风险是我们所要研究的一个重要内容。文化是一个较为虚拟的概念，文化产业获得回报的高与低深受社会大众对其评价的影响。而获得高回报的前提就是要确保所投资的文化产业项目与当下所盛行的意识相一致，否则一旦背离大众的意识，就会使消费者产生反感，那么最终也会导致这个项目难以进行，甚至难以在市场中占有一席之地。相反，越是和人类接近的文化内容，它占有市场的可能性就会越高。当然，能够达到这一水平完全离不开投资者敏锐的观察力和对市场前景的预判能力。

对于文化产业所面临的投资风险而言，除了上面提到的问题外，还需要规避政策带来的风险。这就需要创业者时刻关注国家的各项政策和方针，尽量贴合国家的政策行事，在国家允许和支持的范围内选择合适的项目投资。其实从某角度来看，国家扶持的产业更容易获得来自社会的认可或者说社会价值更高，对于创业者而言百利而无一害。

此外，新技术的选择与文化产业投资有非常密切的联系。一项新技术的注入可谓是最好的武器，创造的利润也是相当可观的。但是有一点需要特别强调，那就是该项技术必须是成熟的技术，否则会为日后的发展埋下比较大的隐患。所以说成熟技术的注入对于文化产业的发展而言至关重要，同时也能够规避许多风险。

第四章　大学生创新创业精神培育与能力提升

大学生作为素质较高的一类人群，是国家建设的重要力量。研究我国大学生创新创业精神培育与能力提升，有助于推动高等院校完善创新创业教育体系，促进高等院校教育体制机制的改革，从而能够提升大学生的创新创业能力，进而推动我国迈入人才强国行列。

第一节　大学生创新创业精神要素与能力结构

一、我国大学生创新创业精神要素分析

创新创业对于我国建设创新型国家具有十分重要的作用。创新精神是科学精神的一个方面，同时，以遵循客观规律为前提，只有当创新精神符合客观规律和客观需要时，才能顺利地转化为创新成果。创业精神是一种勇于抛弃旧思想旧事物、创立新思想新事物的精神。企业家们对"85后创业者"的描述用到最多的四个词是"专注、责任、执行力强、自信"，描述"90后创业者"用到最多的四个词是"标新立异、灵活多变、聪明、自信"，他们用实践经历阐述了创业精神的内容。大学生创新创业精神主要是指大学生勇于创新并敢于承担风险的一种精神状态，是大学生依据社会和自身发展的需要所产生的创业动机和创业意愿，是创业的先导，构成创业者创新创业精神的要素包括以下几个方面。

（一）大学生创新创业之自主创新精神

自主创新精神是创新创业精神的核心。有自主创新精神的人具有独立的人格和独立的思维能力，不受传统和世俗偏见的束缚，坚持自己选择的道路。自主创新涉及原始创新、集成创新和引进技术再创新。而自主创新离不开创新思维，创新思维的过程总和某个具体的问题密不可分，即问题就是思维的起点，

所有的创新思维都包含了问题的解决过程。首先是问题情境的分析，它是创新思维的开始，能唤起人们的需求。问题情境各个结构因素由思维从不同方面进行探究，以弄清各因素之间的相互关系。其次是提出问题，在问题情境分析中确定情境里引起困难的那个因素，这个因素就是问题。最后需要发散思维，在认识到问题的存在和本质后，就进入了发散思维阶段。这时以解决问题为出发点，重新组合和应用以往经验，广开言路，尽可能多地提出解决问题的方法和途径。发散思维要利用多角度、不同的思维方向，不受限于现有的知识范围，不遵循传统的固定方法。在对大学生进行创新创业精神培育时，要认识到这种持续的创新性思维是决定创业者后续发展的关键所在。

（二）大学生创新创业之开拓进取精神

开拓进取精神是指在学习现有的创新创业理论和实践案例的基础上，根据自己的兴趣和当前社会形势寻找一条适合自己的创新创业道路的精神。同时，在创新创业的过程中，需要紧跟社会步伐，学习新理论和新技术，时刻保持自己的先进性，并要树立不怕困难、勇往直前的坚定信念。人生路漫漫，如逆水行舟，不进则退。作为新时代的大学生应该勇于突破，不墨守成规，在借鉴先辈们优秀成果的同时，不要拘泥于他们当时的条条框框。开拓进取包括许多方面。

一是开拓性思维，思维的过程总是从一个环节逐渐过渡到另一个环节。我们需要借助思维来把握事物的全貌，并且不断学习探索是否可以将它们运用到自己的工作中来，或者把它们应用于其他领域。具有开拓进取精神的人具有统摄推论能力，并能通过概括手段来驾驭它。

二是开拓新路、转移经验的能力。主要体现在此类人善于发现事物之间类似的地方。例如，一般的人被茅草划破手不会得到什么启示，而我国古代巧匠鲁班却在一次茅草划破手的经历中得到启示，最后发明了锯子。这就表明经验是人类最宝贵的财富，但具有相同经验的人，其开拓性才能不尽相同，主要就是开拓新路、转移经验的能力在起作用。

（三）大学生创新创业之勇担风险精神

在实施创新创业的道路上，需要培养自己在新社会形势下的胆识和魄力，经充分准备、周密思考和细心计划后提出的创新创业想法和路线，要勇于尝试，利益和风险往往并存，我们要在实践中勇于承担风险、克服困难，这就是所谓的勇担风险精神。在创新创业过程中，风险和机遇是共存的，充满了未知的挑战，只有敢于冒险的人才能抓住机遇。"既然选择了远方，便只顾风雨兼程"，只有这样，才能将理想变为现实。而创新创业本身就是一种冒险活动，一种开创新事业的活动。在开创过程中，存在着无数的未知和不确定性。因此，大学生要想创新创业必须具备冒险精神。勇于冒险，勇于尝试，才有可能将理想变成现实。大学生应该敢于实践，敢于冒险，敢于接受风险可能带来的结果。同时要具备良好的风险评估能力，有胆有识，并据此采取适当的行动，以便减少未知风险可能带来的损失。因此，创新者要有风险意识，应该做好承担风险的心理准备，并具备化解风险的创新能力。

有人曾说赌徒最适合创业，其原因是创业是一项冒险活动，而赌徒最有胆量，敢于下赌注，赢得起也输得起。研究发现赌徒的心理承受能力确实远远强于普通大众，强大的心理承受能力也是创新创业者所需要的能力。没有超凡的胆识，就不会有超凡的事业。对于大学生创业者来说，应该具备敢于承担风险的精神，具备善于化解风险的能力，要有足够的勇气直面困境。艾略特曾说："世界上没有一个伟大的业绩是由事事都求稳操胜券的犹豫不决者创造的。"成千上万的人做着创业梦，然而只有少之又少的人付诸行动。

（四）大学生创新创业之团结协作精神

创业需要团结协作精神，即协作精神和大局意识。团结协作精神是指团结一切可团结的力量，将周围志同道合的伙伴团结起来，使其在创新创业中发挥各自的优势、精诚协作，并共同克服困难的精神。创新创业者要从大局出发，要有大局意识、协作精神和服务精神。团结协作精神的基础是尊重个人的兴趣和成就，核心是协同合作，最高境界是全体成员紧紧凝聚在一起，反映了个体利益和整体利益的统一，并保证组织的高效率运作。因此，作为一名创新创业者，需要充分发挥团队中每个人的个性，将其安排在合适的岗位，进而充分发挥集体的潜能。单独的一滴水容易蒸发，只有融入江河海的时候才不会干涸，犹如一个人的力量是有限的，只有融入一定的团队才会形成凝聚的力量。现在知识经济时代的创新创业活动依靠个人的力量很难完成，更多的是以团队的形式来实现。因此，一个企业的发展也只有依赖团队的集体力量才能加快步伐，将企业做大做强。而一个创业团队的建立及团队合作精神的发扬是创新创业的不竭动力，其中团队合作精神是现代社会中不可缺少的。在学科交叉、技术集成、知识融合的背景下，个人作用越来越小，成就一番事业的关键在于凝聚群众的力量。每一个人都是社会中的人，都在各自的团队里，团队成员之间相互学习、相互影响。任何人脱离了团队就如同离开了江海河的一滴水，是无法在当今社会长久生存的。只有善于同他人合作，才能兼收并蓄、集思广益，才能有所突破，有所创新。团队精神的基础是尊重每个人的兴趣和成就，其核心是协同合作，把团队成员凝聚起来，保证团队高效率运转。团队精神要求成员对团队要有责任感，要有效地协调个人目标和团队目标。而不是要求团队成员牺牲自我，相反应让成员共同完成任务目标，各扬其长。我们大学生应该有意识地树立一种团队精神，学会团结协作，同时在团队中实现自我成长，实现多赢。我们在学校里通过专业社团等途径，形成不同的团队，在团体中训练团队合作精神是一种有效的方式。一个优秀的团队需要具备高度的凝聚力，创新创业团队成员需要为人正直、诚实守信、心地善良。只有这样的团队才可能有正确的价值观，在获得社会效益的同时，保证自我的长久发展。

笔者通过对大学生创业者走访发现，具有团结协作精神的创业者往往更容易获得一张创业成功的"优先发展券"。因为创业者深知一个道理，那就是，没有成功的个人，只有成功的团队，一个人的力量和能力再强大，也不可能强过一个团队的力量。因为一个人的思维和能力是有局限性的，而团队将队中各个成员的智慧、思维、行为集合为一体，如果将一个人比喻成1，那么团队就是由1变成10。在走访的多位已经小有成就的大学生创业者中，有一位令笔者印象深刻。这位大学生创业者在大三时，就利用自身的专业知识——计算机编程来开展勤工助学，一方面是为了减轻父母的经济压力，另一方面也想锻炼一下自己的实践能力。大部分的大学生都已经购买了电脑，但是许多同学在面对电脑出现的故障时，往往是不知所措或者不知如何去解决的，能够想到的解决方式就是联系售货方进行维修。但是由于学生课程较多，难以与维修人员达成时间上的共识，加之维修人员不方便进入寝室进行维修。对于这位创业者来说，这是一个展现自我才能的时机。初期，他采取义务维修的方式帮助自己打开市场。由于他的维修技术好，维修速度快，他得到了同学们的好评，他的口碑在同学群中逐步提升，找他维修的人越来越多。这时，逐渐增加的维修业务让他有些应接不暇，而且有些故障已无法独立解决，急需一个助手来帮助完成。于是他萌生出了组建一支团队的想法。说干就干，他立刻在微信朋友圈以及校内网中发出了邀请，邀请一些志同道合同时具有专业技术的伙伴加入他的队伍。消息发出后，一时间，他的电话被打爆了，许多人纷纷表示想要加入其中。他经过精心挑选，选择了课程略少、对于专业知识掌握扎实的同学成为新成员。组建好队伍后，他们开始分工明确地开展工作。他虚心地听取成员的意见，合理地做好各项分工，协调处理成员之间的关系，鼓励成员发挥自己的才能，提出促进团队发展的建议，对每个人的优势与长处进行充分的挖掘，并充分地进行利用。团队的协作达到了空前的高度，团队成员之间没有嫌隙，有的是团结一致的强大的团队凝聚力。这位大学生显然将团队协作能力发挥到了极致，团队的发展自然是一片光明与美好，这也为他在毕业后立刻投入创业活动奠定了坚实的基础。当然这一切都是在不影响课程的前提下开展的，虽然学业与维修兼顾，但是他并没有落下学业，反而在期末测评中，获得了优异的成绩，着实令人佩服不已。

（五）大学生创新创业之踏实肯干精神

踏实肯干精神是指在创新创业过程中脚踏实地、不浮躁、不冒进，工作上做到一丝不苟、任劳任怨、坚持不懈的精神。"千里之行，始于足下"，创新创业是一个漫长的过程，困难与挫折如家常便饭一般，更需要大学生有踏实肯干的精神。吉鸿昌曾说："路是脚踏出来的，历史是人写出来的。人的每一步行动都在书写自己的历史。"当我们确立了一个目标之后，不要随波逐流，要坚持走自己的路，即使遇到困难和挫折也要沉着面对，逐渐积累经验。不断锻炼自己的忍耐力，等待机会的来临。这个时代从不缺乏能说的人，而对于我们来说，大家更欣赏那些悄悄干出大事业的人，讨厌那些事前唱高调的人。由团中央、教育部等部委及省级政府主办的"挑战杯"全国大学生课外学术科技作品竞赛就是一个很好的平台，是我国大学生创新创业的"奥林匹克"盛会。老师多鼓励学生去参加，有助于提高同学们的组织协调能力、独立思考能力和分析解决问题的能力，从而提高他们的综合能力。

（六）大学生创新创业之吃苦耐劳精神

吃苦耐劳精神是指在创新创业过程中能忍受贫困清苦的生活，能经受磨难的考验，不怕困难、勇往向前的精神。常言道：吃得苦中苦，方为人上人。既然要做到吃苦，那么得先认识吃苦，因为认识的深度决定行动的力度。我们作为个体在社会上要想有立身之地，就必须面对各种各样的困难和挫折，因此要学会自立。而学会自立的前提是学会吃苦。人生的路途好比攀登山峰一般，起初摩拳擦掌，一边欣赏美景，一边跨过障碍。然而，越是往上爬，越觉得吃力，要面对路途的坎坷、自身的体力耗损，以及无法预知的风险。很多人遇到步履维艰的情况会在半路选择放弃，而最终能够到达山顶的人，往往是那些即使面对困难，也依然选择坚持到底的人。成功的路上并不拥挤，只有坚持下去、把困难和挫折都克服之后，才能登上山之巅，才能领略无限美好的景色。吃常人难吃下的苦，承受常人难以承受之事。所以在平时的学习、生活中，我们要意识到吃苦是一种财富，是一种资本，在学习、生活中要有持之以恒的精神。学校方面可以扩大大学生参加暑假"三下乡"社会实践活动的名额比重，争取让更多的学生有机会去农村磨炼，锻炼吃苦耐劳的精神。"三下乡"活动在校园与社会之间架起了一座桥梁，通过这座桥梁，学生对社会有了更深的了解，提高了自身的综合能力。

许多成功的创业者身上具备的那种吃苦耐劳的精神令人敬佩。一名家境贫寒但是已经创业成功的大学生创业者回顾，从小到大最害怕的就是需要交生活费的时候。因为他上的是寄宿制学校，每周回家一次，每次都要带够一周的生活费，由于家境非常贫困，他数次想要放弃读书早点出去打工。但是家中的父母不同意，因为知识改变命运是目不识丁的父母唯一能表达出来的心声，所以在这样的艰苦条件下，他咬牙坚持了下来。他还要从数目不多的生活费中省出购买课外资料的钱，他的生活贫困程度可想而知，但也正是这种艰苦的环境磨炼了他的意志，促使他养成了吃苦耐劳的精神。因此，当步入大学校园，其他同学都忙着谈恋爱、逛街、玩游戏的时候，他的身影显得格外忙碌。因为他要通过勤工俭学以及做家教的方式为自己赚取生活费与学费，在身兼数职的情况下他积累了一笔小小的资金。他用这笔资金购置了一些笔记本、文具夹等学习用品，在晚自习前在校园"跳蚤市场"售卖。为了找到进价低、产品好的货源，他利用周末时间，步行往返于几千米外的批发市场，将打包好的物品肩扛手提地带回学校，往往顾不上吃晚饭就立刻来到"跳蚤市场"售卖，获得的收入他自己留下一部分，其他的全部寄回家中补贴家用。当他结束大学生涯时，由于已经具备了小小的创业经验，所以，他迅速找到了合作伙伴并开展了创业活动。通过不懈的努力，他已经小有一番成就，助力他成功的重要因素就是他具备吃苦耐劳的精神，这是他在创业道路中持续前行的动力。

二、我国大学生创新创业能力结构的构成

创新能力主要是指发现新问题、提出新方法、建立新理论、发明新技术的能力，是创新型人才必须具备的基本能力。创新能力的培养重在培养创新思维能力、动手操作和实践能力及解决问题的能力。创业能力是指能够顺利实现创业目标的特殊能力，包括专业技术能力、经营管理能力和社交沟通能力、分析和解决实际问题的能力、把握机会和创造机会的能力等。大学生创新创业能力是指大学生在学习知识和积累经验的基础上，对所学理论知识进行系统和科学的加工，从而产生新思想、新概念、新知识、新方法，并应用它们创造性地解决新问题的能力。创新创业能力结构是指一个人所具备的能力类型及各类能力的有机组合，它是由知识、技能、经验等多个要素构成的系统结构，在这个结构中，各要素相互作用，对创新创业的事业发挥着作用。大学生创新创业者仅

凭一时的创业激情是远远不够的，还需要具备实践能力，否则也难成大事。而我国大学生创新创业能力的要素分为一般要素和特殊要素两大类。

（一）我国大学生创新创业能力结构中的一般要素分析

大学生在进行创业的过程中，应按照一定的程序进行。如在进行市场需求分析的基础上进行准确的目标市场定位，进而组建创业团队。因此对于大学生创新创业能力结构中的一般要素进行分析研究就显得尤为重要了。

1. 分析市场需求的能力

市场需求是指"一定的顾客在一定的地区、一定的时间、一定的市场营销环境和一定的市场营销方案下对某种商品的需求或服务意愿。"消费者需求的产生离不开两个要素：一是消费者愿意购买，即有购买的欲望；二是消费者能够购买，即有支付能力。两者缺一不可。大学生需要具备分析市场需求的能力，才能开展创新创业活动。

2. 定位目标市场的能力

目前，许多企业都开始从事目标化经营，为目标市场提供更完美的产品或服务，把一个或几个细分市场作为其服务的目标市场。进行目标市场定位，可从以下几方面入手。

（1）选择目标市场

选择目标市场是指在对每个细分市场的吸引力程度进行评价的基础上，选择进入一个或多个细分市场。

（2）评价细分市场

评价细分市场是指企业对各个细分市场进行评价，并确定将哪些具体的细分市场作为服务对象的活动。大学生也需要具备这些能力。

（3）选择细分市场

选择细分市场是指根据各个细分市场的独特性和公司自身的目标进行选择，常见的有密集性市场营销。

密集性市场营销是指公司将一切市场营销努力集中于一个或少数几个有利的细分市场。一般而言，实力有限的中小企业多采用这种市场策略。例如，高考结束后，不少家长都会带着考生外出旅游放松，这时一些旅行社便会推出对考生优惠的营销策略，以吸引这类群体。

（4）市场定位

要想让消费者在众多产品中将本企业产品优选出来，并且对本企业产品具有高度的信任感，这就需要提高市场定位。如著名洗化品牌——舒肤佳，当提到舒肤佳的时候，我们脑海里的第一反应是除菌。主要原因是企业通过一定的营销运作给予了产品一定的个性、特色。而恰恰是这种特色与品牌塑造，使得企业产品能够区分于其他同类产品，市场定位做得好可以促进企业的长足发展。

市场定位是指企业将产品、品牌、服务定义成与众不同的个性，这个个性是符合产品特色的，也正是这个特色使得本企业的产品能够区分于其他企业的产品。

3. 组建创业团队的能力

一个好的管理团队对企业的成功具有举足轻重的作用。创业企业的发展潜力与创业团队的素质密切相关，好的团队如同强心剂，可以增强创业团队的市场竞争力，使得创业团队立于市场不败之地。

如何组建高效率的团队是每个创业者必须思考的问题，组建团队有 5 个必不可少的关键因素，具体如下。

（1）每个团队必须有一个灵魂人物

灵魂人物是团队的定海神针，而且他必须是唯一的核心。如果大家都一样，没有核心，那么形成股份公司后股权也较为分散，这是在人为地为以后的发展埋下隐患。

（2）合伙人之间的彼此信任

彼此的信任是团队攻坚克敌的必不可少的因素。信任能让团队拥有 1+1 大于 2 的力量，缺乏信任就会引起内耗，这样的团队必然会被淘汰。

（3）打造具有互补性优势的团队

互补性团队比相似性团队要好，就像一支足球队，前锋、中场、后卫，每个人都有自己的定位。一个团队里没有一个人的能力是足够全面的，没有一个人有各方面的资源。所以，一个互补性强的团队组成的创业队伍是比较完善且有较强竞争力的。

（4）创业团队成员需是各自领域内的专业人士

创业团队成员宁缺毋滥，团队里的每个人都必须要有专业特长，能在各自位置上真正发挥作用。因为创业初期，每个合伙人都会负责相应的核心业务，如果合伙人的能力不强，就会影响团队的整体水平。

（5）需有共同的理念

创业团队的成员必须具有共同的创业理念。因为团队的最佳组合方式是基于共同的理念，这也是企业文化的基石。只有合伙人的理念相同才能让企业走得更远。不然，可能最终会不欢而散，宣告创业团队组建失败。

所有的企业都有其出生、成长、衰退的过程。一个创业团队更是如此，每个人都要懂得如何组建团队，并使其持续成长。

4. 搜集创业信息的能力

信息是联系消费者、客户、公众和创业者的纽带。在创业前期，信息对创业者来说至关重要。因此，大学生创业者必须重视创业信息的搜集。

创业信息可分为创业市场信息和创业环境信息两类。

（1）创业市场信息

创业市场信息具体包括以下内容。

①市场可行性方面的信息。搜集市场可行性方面的信息，主要是为了了解市场规模，分析市场前景。市场调研是创业的前提，如果市场调研未做好，那么创业团队也无法准确定位，定位出现错误，对创业来说是致命的。前期的市场调研必不可少，并且要认真地去进行，细致分析，了解市场潜力，考虑人口的数量、购买力和购买欲望。同时也要了解当前市场的饱和度以及各品牌的市场占有率等。通过谨慎的科学比对后，再做出正确的创业选择。

②市场竞争信息。竞争是商战中最具有战略性的因素，也是创业者必须要时刻密切关注和进行调查的内容。总体来讲，创业者应该了解行业竞争的整体形式；具体来讲，关于竞争状况的信息主要指市场上存在着多少竞争品牌，它们分别是什么，各种竞争产品的特点，在市场中所处的位置，市场推广、促销手段和价格策略以及不同的产品在满足消费者需求方面的优势和劣势等。只有做过竞争分析，创业者才能做到"知己知彼"。

③产品信息。创业者必须了解自己要提供的产品在消费者心目中是什么样子的，产品的哪一方面特点最为突出等问题，这方面的信息直接服务于自己的品牌定位决策。创业者还要搜集自己将要提供的产品在造型设计、性能等方面存在的优点和不足，了解是否符合目标对象的要求，产品是否需要改进等方面的信息。同时应当了解自己要提供的产品有什么新用途、应采取何种原料、保养等方面的信息。

④价格信息。了解市场中各竞争品牌以及各种产品类型的定价；探究价格在品牌选择中的重要性，以及定价策略对产品销售的影响；分析消费者对价格的弹性要求、对价格变动的反应以及价格的理想点，找出有利于促进产品销售的定价策略等。

⑤消费者信息。消费者是市场的主要参与者，是产品的最终购买者。创业

者要想获得成功就必须了解消费者的需求和偏好，使自己的产品能够获得消费者的认可。因而，对消费者行为的研究是市场信息搜集工作的重中之重。

⑥特定市场的特征信息。在商品竞争激烈的环境下，一种产品往往只能占有相当有限的市场份额。对产品所占市场的特征进行分析，有利于创业者采取针对性的措施来稳固市场和开拓市场。

辰辰是一名大学毕业生，父母期望他回到老家工作，并且已经为他安排了教师的工作。可是辰辰认为自己有朝气、有闯劲，想在大城市拼搏一回，于是他推掉了父母安排的工作，选择在大城市创业。由于辰辰急于向父母证明自己的能力，在创业初期并未细致、谨慎、认真地进行市场调查，并未对市场情况了如指掌，而是看到学校门口卖绿豆饼的生意十分火爆后，急忙向父母借投资款，并承诺一年内就会还清。父母告诫辰辰投资创业急不得，要理智、冷静地进行市场分析。但是辰辰误以为父母不支持他的想法，一气之下，请同学担保进行了小额贷款，最终将专营绿豆饼小食店开了起来。

可是令辰辰不解的是，自己的店面位置好，装修精致，每天的卫生也搞得十分干净整洁，但是来光顾的顾客寥寥无几，同学们好像根本没看到他这家小店一样。到了月底，辰辰进行盘点，发现收入与支出严重失衡，也就是说，辰辰的收入还不够每天的房租、水费、电费等基本开支。勉强支撑 3 个月后，由于资金问题，辰辰不得不将小食店关闭，第一次创业以失败告终。

辰辰十分不解，也非常灰心，他不明白为什么会出现这样的情况。于是他问其他同学，为什么不来自己的店购买绿豆饼。其他同学直言不讳地说，因为辰辰做的绿豆饼的味道不如另外那一家，而且那一家老店已经在学校门口经营20 余年了，积攒了很多的老顾客，你的店里虽然干净、环境好，可我们想吃的是美味的绿豆饼，对环境没有那么高的要求。听了这些话，辰辰恍然大悟。

（2）创业环境信息

进行创业环境分析主要是为了对现有市场条件、创业者所不能控制的外部环境因素有一个深刻的认识。创业环境信息主要包括文化环境信息、行业需求信息、原材料供应商的信息等内容。

①文化环境信息。文化环境是影响顾客做出购买决策的重要因素之一，正是社会文化环境的复杂变化，才导致消费需求、购买动机和购买行为具有复杂性和多变性。创业者要搜集的是所在地整体消费者的社会习惯、生活准则、价值观念、民族风俗等与产品销售有关的文化环境因素方面的信息。企业可以从民族风情、民间习俗，以及消费者心理的角度进行调查分析和预测。

②行业需求信息。我们都知道，研发产品是为了满足市场需求，更是为了

满足消费者的需求，消费者对产品的需求度愈高，企业效益自然越好。因此，在进行创业之前，对研发产品的行业需求的调研必不可少，只有充分掌握行业需求的数据，以及产品的饱和度等基本信息，才能够"对症下药"进行系统的产品研发。否则只能像毫无头绪的蜜蜂一样，东碰西撞，最终注定无法研发出满足市场与消费者需求的产品。

③原材料供应商的信息。众所周知，众人划桨开大船，对于创业来说也不例外。因为一个创业团队，不可能将所有的事情都大包大揽。比如，在设计出产品后，产品的制作工作需要由专业的原材料供应商保障材料的质量与数量。那么对原材料供应商信息的收集就需要由专人来完成。因为供应商所供应材料的品质、规格等内容都是值得创业者关注的。如果与一家口碑差、不讲信用的供应商合作，对创业企业来说，会产生不可估量的损失，会将创业者辛苦创立起来的良好的社会口碑在一瞬间摧毁。

可以说，搜集所需要的信息资源，并对这些要素进行认识及评价，将会对创业企业的运作及成功提供强有力的支持。

5. 搜集创业信息的程序

大学生创业者在搜集创业信息时应按照以下程序进行。

（1）明确研究的目的

对创业者来说，搜集市场信息的最有效方式是准备一份信息搜集清单。这份清单的内容要包括，同类产品的市场份额、同类产品是否已经达到饱和状态等内容。只有这样才能做到知己知彼、百战百胜，才不会盲从、不会跟风，不会使自己的前期投入付之东流。

（2）从二手资料中搜集信息

对创业者来说，最方便的信息来源是已有的数据或二手资料。所谓二手资料是指经过编排、加工处理的数据。如利用互联网进行数据调研。近年来，通过网络进行数据调研成了一种时尚和潮流，互联网可以提供有关竞争者和行业的深层信息。创业者可以基于互联网从很多方面获得有关的信息，并可以对其加以拓展作为搜集一手资料以及购买二手商业资料的一种方式。在考虑获得一手资料和商业信息资料之前，创业者应该尽其所能获取所有免费的二手资料。

（3）信息搜集结果的分析和汇总

在获取了足够的资料之后，创业者就可以着手进行有关的分析研究。如果在分析研究中发现资料仍不充分，就有必要进一步采集所需的有关事实状况的数据资料。

6.制订创业计划的能力

创业计划是创业者敲响投资大门的"敲门砖"。制订创业计划是大学生创业者必须经历的一个步骤，制订创业计划的步骤如下。

（1）创业构思

在进行创业构思时，具体可从以下几方面入手。

①市场机遇与开发谋略。社会面临的问题、准备开发的产品或服务以及产品或服务的潜在销售额、创造销售额的方式等都是创业者需要考虑的。

②产品与服务构思。如何做好产品和服务是创业者应该考虑的主要问题，因为创业产品终究是要走向市场接受消费者考验的，如果不将消费者的使用感受融入其中，那么就无法为消费者提供恰当的、合理的产品服务，消费者自然不会产生购买欲望。

（2）市场调研

市场调研主要是为了更好地了解所要进入的市场的环境。

①行业环境分析。迈克尔·波特的五种力量模型较好地反映了创业企业的行业环境因素。可以利用五种力量模型来分析行业环境，这五种力量分别是潜在进入者、现有市场的竞争、替代产品、供应商和购买者，具体如图4-1-1所示。

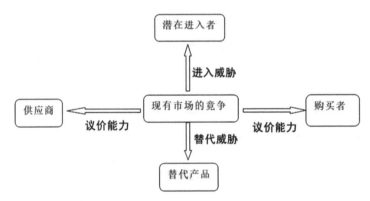

图 4-1-1　五种力量模型

潜在进入者可能拥有新的生产能力，能够获取大量的资源和市场份额，他们会对创业企业造成威胁。但行业中也存在壁垒，它们阻碍潜在进入者的进入。创业者要想评价潜在进入者的威胁就需要评价可能存在的进入壁垒。它们分别是企业现有的已经被认可和接受的产品、巨额的资金需求、高额的转换成本以及政府的准入、限制政策等。

如果要考察现有市场的竞争强度就需要评价产业内竞争者的数量、产业增长速度、竞争对手及自身的产品或服务特征、竞争对手和自身固定成本的多寡、生产能力、自身的退出壁垒高度等。需要注意的是，评价要采取动态的方法，了解随着时间的推移，这些因素会有哪些发展变化。

替代产品就是那些看起来不一样，但能够满足同样需求的其他产品。比如，同类洗涤产品，对于消费者来说，可以选择使用奥妙洗衣液，也可以选择使用雕牌洗衣液，影响产品替代作用的主要因素是产品转换成本。

为创业者所在行业提供产品和服务的供应商的数量、特点和态度都是要评价的因素。供应商供应产品质量的好坏是创业者关注的第一件事情，在同等条件下，性价比越高，应用范围可能就会越广。供应商供应产品的特点和双方合作的态度则关系到相互关系的稳定性和融洽程度，也关系到创业者超过竞争对手与供应商建立良好合作关系的难易程度。

对购买者的评价包括购买者的数量、特点和态度。购买者的数量决定了其在商务谈判中的地位并影响行业的竞争程度。购买者的特点影响企业的竞争方式。购买者的态度，体现在品牌忠诚度、满意度等方面，决定着创业者进入这个行业的难度。

②市场调研的内容。进行市场调研具体可从以下几方面入手。

一是现有企业调查。如果创业者对自己的创业方向很明确，那么此行业内的现有企业就是创业机会的另外一个来源。创业者对现有企业的产品或服务进行跟踪、分析和评价，可以发现现有企业产品或服务存在的不足，进而可以找到更加高效的改进方法。

创业者不仅可以在现有企业的市场中寻找创业机会，而且可以发现其他领域的相关创业机会。一家汽车维修企业，往往给这个地区提供了零部件和物流产业发展的机会；一家商场的开业，往往意味着周边电影院、餐饮业、娱乐业等行业的繁荣。

二是消费者调查。消费者是企业产品需要面对的最终购买者，直接到消费者中间去，让消费者表述自己的观点，了解和分析消费者的需求，是创业者需要做的重要一步，也是发现创业机会的重要途径。很多企业自以为很了解他们的消费者，实际上却往往将自己的感受代替消费者的感受，或者以点带面，不能全面地、客观地分析消费者的需求，导致自己的产品不对路。很多创业者都是通过和消费者的交流获得一些出其不意的商机的。

创业机会好不好，产品有没有市场，消费者最有发言权。创业者需要对消费者需求的变化保持足够的敏感，对不断涌现出来的新生的消费者需求要快速识别。创业者需要学会从消费者对产品的评价甚至抱怨中获得创业的思路，不同地区、不同职业、不同社会地位的消费者，其需求各不相同。只有深入消费者之中，对身边任何人的需求保持一份敏感，才能获取创业机会。

三是销售渠道调查。很多企业由于条件所限，并不能切实地了解消费者需求，而分销渠道直接和消费者接触，对消费者和市场的了解程度远远高于企业。分销渠道是企业和消费者之间的桥梁，是企业产品推向市场的直接通道。创业者不仅能从它那里获取消费者的信息，而且可以依靠它推广自己的产品。很多新产品的推广工作都是由分销渠道进行的。保持和分销渠道的密切关系，有利于创业者获取第一手市场信息并提高在市场开拓上的效率。分销商是企业重要的合作伙伴，很多创业的好点子都是从分销渠道中反映出来的。

四是政策环境调研。传统上政府并不参与市场竞争，但企业的经营处于政府的种种法规管制之中。一方面创业者可以通过查询在政府部门注册的相关专利寻找创业机会；另一方面，可以通过了解政府对相关产业的政策法规及其变化发现商机。

在我国，由于缺乏中介机构，专利管理部门拥有大量的专利技术信息。政府部门很多时候是企业家和研发者之间的桥梁，很多政府部门都会定期或不定期地举办一些项目推介会或者提供一定的平台供创业者查询技术专利。而在美国，专利部门每周还出版专利目录，创业者可以通过这个目录了解最新的技术成果，寻找合适的创业机会。随着中国专利部门服务意识的加强，相关信息服务也在不断完善。

在我国，政府部门与创业机会息息相关，政府制定法规和各种发展规划，有时对企业的发展起着决定性作用。相关政策的变化，往往意味着创业机会的出现。

（二）我国大学生创新创业能力结构中的特殊要素分析

任何人在开展一项工作时都不能盲目，更不能由于存在从众心理而在未做好充分准备的情况下就急于开展这项工作。对于大学生创新创业来说也不例外，必须做好充足的准备，不能头脑一热就盲目跟风，否则极容易满盘皆输。

1.创业观念

众所周知，如同世界上没有完全相同的两枚树叶一样，人和人的思维、想法也是完全不同的。开展创业也是出于多种原因，这个原因与大学生所处的家庭环境、具备的自身观念等有着直接关系，但是无论出于什么样的原因开展创业，都必须将创新一直贯穿在创业观念中。大学生思维活跃，他们看待事物时总是能够站在自己的角度，而萌生出创业观念也是他们思维创新的一种体现。此外，我们也要提出一点要求，那就是希望广大学子在创业过程中冷静、客观地进行分析，不要盲从。

（1）赚钱观念

毋庸置疑，每个人在创业过程中，一定会优先考虑经济效益。因为经济效益从某种程度上来说，是对创业成功与否的客观检验。但是，在创业初期如果只将经济效益放在首位，而不考虑企业的长足发展、社会口碑等因素，可能最后会铩羽而归。所以，先有企业的长足发展然后才会有个人的经济收益，企业为个人提供了舞台，只有维护好企业的发展，个人的收益才能够实现。如果失去了企业这个舞台，个人收益自然也就无法得到保障。

赚钱多少没有统一的标准。创业者赚多少钱才是真正的成功者，在这个问题上没有统一的标准。我们在书上、媒体上可以看到很多亿万富翁，当然是世界知名的创业成功者。举这种例子的目的是激励创业者以他们为楷模，勇敢地创业，有一天也成为像他们那样的顶级人物。其实大学生创业完全可以不和这些人物比较，只和自己的过去比较即可。所以无论赚多少钱，我们都可以说已经发了"财"，已经拥有了自己的企业和资产，这是自己和团队共同努力获得的资产，这份资产包含着辛勤的汗水，包含着智慧，更为自己带来了自信与勇气。所以说赚多少钱是相对而言的，对于一个靠自己起家的大学生来说这份资产虽数目很小，但价值很大。

强烈的赚钱观念促使创业者全身心地投入创业活动中，这本是一件无可厚非的事情，但是当通过努力获得了丰厚的资金回报时，还需要做一些回馈社会的公益活动。因为我们处在和谐社会，正是良好的社会环境为创业者提供了一个最佳的创业平台。试想如果我们处在一个战火连天的年代，连最基本的生命安全都无法得到保障，还能够开展创业活动吗？答案是否定的。正是良好的社会环境为我们开展创业提供了最基本的保障，所以我们才能发挥才干干出一番事业，才能取得创业的成功。所以，成功的创业者在获得丰厚的经济效益时，也要投身到公益事业中，要回报社会，要为社会中那些生活困难、需要帮助的人群提供最大的帮助。比如为解决贫困家庭收入低的问题，可以为贫困学生安排合适的工作岗位，帮助他们增加收入，又如拿出资金来帮助贫困学生，或者在寒暑假为贫困大学生提供勤工助学的岗位。同时还要关注社会中的弱势群体，比如残疾人、环卫工等收入较低的人群……通过一项又一项的帮扶活动，将回报社会的口号落到实处，真正地起到帮助他人的作用，使得回报社会的工作"入身"又"入心"。

（2）服务观念

大学生创业者在创业初期都能够秉承服务至上的观念来开展创业活动。因为任何一项工作都是在为人服务，所以树立正确的服务观念是发展的前提。在创业过程中面对一些不正当的风气或者错误思想时，大学生要具有明确的是非观，要充分地知晓什么能做，什么不能做。如果未将诚信、童叟无欺的观念融入其中，未将回馈社会的信念融入其中，这样的企业注定是无法长久的，注定是会被迅速淘汰的。如果一家企业的产品质量不好，服务质量也不好，消费者就会对这家企业失去信任与信心，而民众对企业的信任是一家企业的"生命线"，失去"生命线"的企业终将自食苦果。由此可以看出，大学生创业者必须具备服务的意识，并且要有自己的底线，不能唯金钱至上而将产品质量标准抛之脑后，要以产品质量佳、服务优质来赢得消费者的青睐，这种青睐与认可是千金难买的。

2. 创业知识

一名成功的企业家说过这样一句话：知识是通往成功的"通行证"。没有丰富的知识，在创业过程中一定会倍感困难，会感觉有一种无形的力量在牵绊着自己接近成功的步伐。所以，知识才是前行道路上的最佳伙伴。

（1）专业知识

有句话说得好，专业的人做专业的事。无论在哪一个领域开展创业，首先需要具备的就是专业知识。比如一名大学生想要在服装设计领域开展创业，那么他一定要对这个领域的内容有所了解或者是有深入的了解，要了解服装材质的分类、服装的设计流程、设计服装的理念等知识。如果大脑中一片空白，对于创业领域的知识一窍不通，用流行的话来说就是"创业小白"，创业也就无从谈起。丰富的知识结构才是大学生开展创业，并取得成功的关键。没有专业的知识构架，即使创业初期能够获得一点成绩，这个成绩也是暂时的，不足以支撑起未来的发展。

（2）财务管理知识

一家企业要想正常运营，不仅要依靠管理团队，还要依靠销售部门。大家往往会忽略另外一个重要部门的存在，那就是企业的财务部门。有人将财务部门比喻成无声部门。因为它不像销售部那样，能够为企业带来表面上的收益，但是财务部门的重要性是不容忽视的。企业能够正常运营依靠的不仅仅是产品的推广与营销，更重要的是财务部门对于资金的核算与调配，每一家企业都非常重视财务总监或者财务主管领导提出的意见或者建议。因此大学生也需要掌握一些财务知识，这是一种趋势。在未来，既懂管理知识又懂财务知识的大学生创业者会越来越受欢迎。

（3）经营管理知识

管理团队制定出的有关企业发展的方针政策是企业前行的"指挥棒"，只有决策正确、方向明确才能促使企业有序发展，才能完成每一位企业家的梦想——让企业成为百年企业。如果将企业比喻成一棵大树，那么经营管理相当于大树的躯干。只有这个躯干健康、未有虫蛀，这棵大树才能枝繁叶茂，长成一棵参天大树。经营管理是企业发展的命脉。

（4）法律知识

作为法治国家的一名企业经营者，必须知法、懂法、守法、不触犯法律，这样才能促使企业长久运营。所以学习有关的法律知识是大学生创业者必做的一项工作，而且要在创业过程中随时在法律知识方面"充电"。大学生要对一些法律条款有所了解，及时地了解创业领域的一些政策与制度的变化，要知道哪些生意可以做，哪些生意决不能触碰，并且要坚守住底线。同时，为了完善企业的部门构架，企业还要设立"法务部"，设立法律顾问。

就业是最大的民生，为了有效地缓解大学生就业难的压力，目前我国政府已经提出了鼓励大学生创新创业的口号，鼓励大学生利用充足的知识、充沛的精力来将创新创业发挥到极致。当地政府也要制定与实施具有实际意义的鼓励政策，优化创业环境，出台相关管理方针，为创新创业增添一份支持的力量。

3. 筹集创业资本的能力

许多大学生创业者在着手开展创业活动前往往创业思维与创业方案都已经完备，但是迟迟无法开展创业活动，原因只有一个，那就是资金不到位。因为大学生一直在校园中生活与学习，他们并没有充足的资金，即使勤工俭学或者从日常生活费中节省出来一部分，数额也是十分有限的，在创业启动资金面前无异于杯水车薪。所以，百分之九十的大学生创业者面临的第一个问题就是如何筹集创业资金。既然自己无法拿出一定数额的创业资金，那么就只能借助自身的能力去通过多种有效的方法来筹集了，这不失为一种明智之举。所以，大学生对于创业资本的筹措能力是开展创业的前提。

（1）债务融资

目前适合大学生的债务融资方式主要有以下几种。

①私人借贷。私人借贷主要是指从家人、亲戚、朋友那里借资金。向家人、朋友借资金是创业者首选的方式，彼此间的完全信任，使得资金筹措速度较快，且数额较多。同时，许多人出于亲情的考虑，不会对借款者提出收取利息的要求。通过浏览名人传记，我们会发现，从家人或者朋友那里筹措到的资金往往

是企业家获取人生"第一桶金"的主要来源。

②商业贷款。商业贷款是较为普遍和常见的贷款方式，但对于创业企业而言，要想取得商业贷款并不是一件容易的事。一般情况下，除非创业者拿得出抵押物或有贷款担保，否则银行是不太乐意将钱借给创业企业的。商业贷款又分为抵押贷款、担保贷款。

抵押贷款是指借款人将其所拥有的财产作为抵押向银行贷款。在抵押期间，借款人可以继续使用其用于抵押的财产；当借款人不能履约还款时，贷款人有权依照相关法规处理抵押财产用于偿还贷款。一般用于抵押的财产包括不动产、动产和无形资产三类。不动产，如土地、房屋；动产，如金银首饰、股票、国债、企业债券或银行承认的有价证券等；无形资产一般指专利技术。

担保贷款是指借款方向银行提供符合法定条件的第三方保证人作为还款保证，当借款方不能履约还款时，贷款人有权按约定要求担保人承担清偿贷款等连带责任的贷款方式。

（2）股权融资

股权融资是一种通过给予投资者在企业中某种形式的股东地位进行融资的方式。投资者获得公司一定比例的所有权，并期待随着时间的推移原始投资额可换取更高的利润回报。目前常见的股权融资有三种，即风险投资、天使投资、政府基金。

风险投资是指由专业投资者将资本投入拟创立的创业企业或刚刚诞生还处于起步阶段的创业企业，以期获得高回报同时又承担着高风险的一种投资。创业企业由于前景的不确定性和较高的风险性一般难以从金融机构获得贷款支持，风险投资较好地弥补了这一不足。高新技术企业与传统企业相比更具备高成长性，因此风险投资往往把高新技术企业作为主要投资对象。

与风险投资不同，天使投资往往是一次性投入，后期一般不再注入新资金；投入金额也较风险投资少。在我国，天使投资每笔投资额为 5 万—50 万美元。投资者的个人喜好成为投资的第一条件。

政府基金主要体现了国家对创业企业的扶持倾向，既包括通过设立创新（创业）基金的方式直接对创业企业进行资助，也包括通过财政补贴、税收优惠、政府采购、财政担保机制以及建立创新企业发展园区等方式对创业企业进行间接资助。

获取政府基金的途径具体如下。

第一，主动出击，不能坐在家里等。创业者急需一笔创业资金，而政府为其提供了一个满足需求的平台。这时，创业者需要第一时间主动找到主管部门，说明自己的需求，以期得到相应的帮助。

第二，说明的时候要提前做好准备，要言简意赅地说明创业项目的内容、未来的发展趋势，态度要诚恳，并且要不急不躁，礼貌待人，不能急于求成。

第三，需要按照相关的规定来提交有关的资料。

第二节　大学生创新创业精神培育与能力培育的现状检视

一、我国大学生创新创业精神与能力的现状调查

随着知识经济时代的不断发展，各国都意识到了培养高素质创新人才的重要性，大学生创新创业能力的培养越来越受到重视，然而在大学生创新创业能力的培养工作中还存在许多不足。笔者通过问卷调查的方式归纳总结了我国大学生创新创业精神和能力方面存在的不足，并分析了其存在的原因。

（一）调查目的及问卷设计

创新创业已成为提升现代大学生就业能力的关键。随着社会的发展，部分大学生会根据自己的兴趣和理想，开拓一条自主创新创业之路。当然，这也是受过高等教育的年轻人主动承担社会责任的一种表现。社会需要有创新能力的人去创业，开拓市场，进而推动经济稳固发展，从而创造更多的就业岗位来解决当今大学生就业压力大、就业困难等社会突出问题。但是，当今国内大学生的创新创业精神和能力现状究竟怎么样？他们有多少人准备创业？他们是否已经做好了自主创业的准备？在创业前他们有什么样的疑问和困难需要教育机制来解决？鉴于这些困惑，笔者想利用实践调查来了解当代大学生的创新创业精神和他们个人的创新创业能力状况，从而掌握当今大学生在创新创业各方面存在的问题，最后思考如何帮助大学生解决自主创业道路上遇到的问题和困难。问卷调查的分析和统计结果，能较真实地反映大学生的创新创业精神和能力，从而可更好地以其为依据分析现状，发现其中存在的不足，进而探索出一些有效的解决措施。

笔者经过慎重考虑，设计了《大学生创新创业精神和能力的现状调查问卷》，该问卷主要涉及以下几方面内容。

一是大学生的创新创业精神状况，主要涉及创新创业兴趣意向、自主创新精神、勇担风险精神、吃苦耐劳精神等多方面的调查。

二是大学生创新创业能力现状，主要涉及心理素质、知识素质、创新创业

能力素质和道德素质。

三是大学生创新创业精神和能力的培养现状，主要以高校和社会层面为主体来进行调查。

基于以上调查内容能较为客观地统计出当前我国大学生在创新创业精神和能力方面存在的优点和不足，从而帮助我们找出解决的办法，进而找到大学生创新创业精神和能力培养的有效路径。

（二）调查方式及结果统计

在完成问卷调查的内容设计后，为了进一步使调查取样具有可信度和广泛性，笔者针对在校就读的大专、本科、研究生进行了抽样调查。为使问卷调查尽可能多地覆盖各个专业，笔者对多种类别的高校和多种专业进行了问卷调查，其中高校包括公办高校、民办高校，高校类别有综合性大学和专业性院校，专业包括理科专业、工科专业和文科专业等。另外，问卷以多种方式对在校大学生进行调查。主要包括以下几种方式。

一是通过 QQ、微信、网上邮件等社交方式有目标性地将问卷发送给在校大学生。

二是去大学将纸质问卷亲自发放给在校大学生，并当场收集被调查者填写好的问卷。

三是联系在高校任职的教师，请他们在业余时间对他们的学生开展问卷调查。调查时间为 2017 年 4 月初到 2017 年 4 月末。

本次调查问卷的总数为 1300 份，其中线上发放问卷 800 份，线下发放问卷 500 份。有效问卷 1248 份，有效率 96%。在校就读的大专、本科、研究生的问卷回收比例分别是 20.83%、60.66%、18.51%，即回收的份数对应是大专 260 份、本科 757 份、研究生 231 份。

二、我国大学生创新创业精神培育现状分析

（一）我国大学生创新创业精神培育取得的成绩

随着高等教育的大众化，就业形势变得越来越严峻，而我国大学生创新创业事业的发展则变得越来越快。而且大学生的创新创业意向呈现出逐渐增强的趋势，创新创业人数也随之逐渐增加。麦可思研究院联合中国社科院发布的《中国大学生就业报告》的相关数据显示，近 5 年来，中国大学生毕业立即创业的比例从 2011 届的 1.6% 上升到 2017 届的 3.0%，接近翻了一番。以 2017 年 795 万应届毕业生的总量计算，创业大学生的数量超过了 20 万人。而且据笔者统计，大学生创新创业逐步成为市场中的一种新潮流，成为这个时代的新趋势。近些年我国针对大学生创新创业的相关政策频繁颁布，即表明我国大学生创新创业大环境也逐步向好。而且，调查结果也表明我国大学生对创新创业持有积极的态度，而且大学生对创新创业的兴趣浓厚，有较强的自主创新精神、开拓进取精神和吃苦耐劳精神。

首先，我国大学生创新创业意向与 20 世纪 90 年代相比呈现逐渐增强的趋势。据笔者统计，非常愿意和可以考虑自主创业的大学生占了 94.15%，且仅有 14.26% 的大学生对"挑战杯"等创新活动不感兴趣。自主创业在实现自我理想的同时，还可以为他人提供工作岗位，缓解我国就业难的困境。创新创业有很大的风险，在此过程中要勇于面对其中的坎坷和挫折，要敢于承担责任，保持一种积极的心态。与此同时还需要做到客观地评价自我，以及对市场和自己要选择的行业有比较准确的认识和判断，对政府出台的鼓励和支持大学生创新创业的政策要有深入的了解，进而准确地确定自己的目标，将自我价值和社会价值的实现统一起来。

其次，我国大学生具有较强的自主创新精神、开拓进取精神和吃苦耐劳精神。调查表明，81.89% 的大学生平时会努力寻找解决问题的新办法，即具有较强的自主创新精神，79.89% 的大学生对他人提出的新观点和新思路持开放的态度，63.94% 的大学生面对学习、生活、创业中遇到的各种困难能坚持不懈地努力克服。大学生创新创业者与其他创业者相比，拥有较多的优势。大学生在校参加的创业大赛，很多项目都是关于高新技术的，他们可以趁短暂的在校时间抓紧学习某些高新技术，锻炼自我的创新能力。某些科技含量较高的项目成了高校大学生创业的首选，特别是我们现在见到的以互联网为核心的高科技项目受到了很多理工科学生的青睐。

（二）我国大学生创新创业精神培育存在的主要问题

我国大学生较缺乏勇担风险的精神。据笔者统计，对于创业过程中的各种风险都能承担的大学生仅占 33.09%。主要是传统的"官本位"观念制约着我国大学生的创新创业，导致我国跟发达国家相比，整体而言其大学生缺乏勇担风险的精神。古时候将平民分为"士农工商"，直到现在人们潜意识里还认为创业不是正经的就业之道。"学而优则仕"的思想也使部分大学生认为考取公务员是最好的就业方式。高等教育扩招，随之而来的就是就业压力的倍增，部分大学毕业生依然挤破头地想进党政机关、大中型企业以及教学科研单位等，和西方发达国家的大学生相比，我国的大学生缺乏在创新创业方面的勇担风险精神。

有关统计数据表明，虽然我国 2017 届大学生自主创业的比例上升到了 3%，但成功率不到 1%。而与创业界广泛流传的美国大学生约 28% 的创业比例（成功率约 20%）相比，相距甚远。并且部分相关职能部门和部分高校领导对创新创业教育的认识也存在不到位的情况，没有把创新创业教育当成一种新的教育理念。因此对创新创业教育与素质教育的含义及其之间的相互关系也存在模糊的认识，在对大学生开展创新创业教育的过程中，缺乏对大学生创新创业精神的培育。当前我国大学生的创新创业学科体系尚未完全形成，对大学生的创新创业精神的培育也存在一定的局限性。从目前高校创新创业教育的课程设置来看，有针对性地培育大学生创新创业精神的课程较少。

三、我国大学生创新创业能力培养现状分析

（一）我国大学生创新创业能力培养取得的成绩

国家出台了一系列鼓励大学生自主创业的优惠政策，以及政府、学校和舆论都支持和鼓励大学生创新创业，有力地推动了我国创新创业事业的发展，同时也提高了我国大学生的创新创业能力。

我国大学生具有较强的社会交往能力和组织领导能力。调查显示，善于表达、能够与各种人进行有效沟通的大学生占 47.04%，47.60% 的大学生认为自己有做好领导者并且协调组织内部团队的能力。大学生要想为自己的创业规划储备足够的能力，训练自己的实践技能、人际交往技能、组织领导技能等，需要积极参与各种社会实践活动，在实践中不断积累实战经验，增强自我的社会实践能力。还需要参加各种机构举办的创新创业大赛，在比赛的过程中，积累相关的经验，从而为自己的创业做好充分的准备。

（二）我国大学生创新创业能力存在的主要问题

首先，我国大学生在专业技术能力方面不占优势。据笔者调查，我国 8.57% 的大学生认为现有的专业知识和技能能够满足创新创业要求，19.55% 的大学生认为现有的专业知识和技能基本满足创新创业要求，8.81% 的大学生不清楚现有的专业知识和技能是否能够满足创新创业要求，而 63.06% 的大学生认为现有的专业知识和技能不能满足创新创业要求。

其次，我国大学生缺乏经营管理能力、机会识别能力、分析决策能力。调查显示，我国 37.74% 的大学生能够将人、财、物和技术资源实现有效利用，即具备经营管理方面的能力。整体来说，我国仅有 24.92% 的大学生对于潜在

的市场机会，能迅速识别并利用，我国31.09%的大学生认为自己能应对创业过程中的各类突发事件。不可否认的是，由于在校大学生对于具体的市场开拓缺乏实战经验和认识，他们难以掌握市场的第一手资料，也无法完全分析市场未来的走向。当对各个行业的发展动态和相互关联把握不当时，就难以通过各种渠道对创业行情进行客观理性的分析。并且在校大学生对于市场营销和资金融通方面的知识、技巧缺乏有效的掌握。我国大学生普遍缺乏创新创业综合能力，而创新创业综合能力对创业成功是至关重要的。

最后，大学生缺乏抗挫能力。调查显示，面对创业过程中的各种风险，有54.17%的大学生不确定自己是否能承担，仅有33.09%的学生认为自己能承担。这表明大学生创业者的抗挫能力亟待提升。虽然全国各地掀起了创新创业的热浪，但是我国依然面临着大学生创新创业活动成功率低的严峻局面。据调查，在我国高校想要创业的大学生的比例高达75.22%，真正创业的人数只占1.94%，而大学生创业成功率仅为1%～5.13%。

（三）我国大学生创新创业能力培养存在的主要问题

由于我国教育体制较为传统，大学生只有通过考试才能步入大学校园，他们本身就缺乏创新创业的基本知识。而创新创业教育以大班教学为主，从理论到理论，缺乏一定的实践环节，大学生的创新创业能力培养效果不理想。高校是我国学科建设和发展的主阵地，学生在校期间应该不断积累科学技术和专业知识，并提高相关技能。特别是高水平的研究型大学聚集了大量的教师精英，其学术思想活跃，为大学生研发高科技产品提供了智力支持。部分有创新创业想法的学生在大学学习期间做了相应的规划，利用有限的在校学习时间和假期实践时间，对自己不断提升，但是更多的学生对自己的未来没有做具体的规划，处于游离状态。高校要注重培养大学生基本的经营管理能力、机会识别能力、应对突发事件的能力。

四、我国大学生创新创业精神培育与能力培养欠缺的成因分析

（一）创新创业的社会文化氛围不浓厚

受传统就业观的影响，大部分家长不支持孩子创业，甚至对创业还存在误解，特别是不能包容创业的失败。这让许多青年大学生不敢创业、怕承担风险、担心失败。调查显示，虽然和20世纪90年代相比，现在很多大学生有创新创业意愿，但是实际上参与自主创业活动的学生比例较低，全国约占3%。由于创新创业大环境的氛围还未完全形成，受长期以来计划经济体制的影响，大部

分学生及家长的就业观念不能及时转变过来。个人发展的传统价值取向仍影响着学生和家长,我国大学生在考虑未来职业发展的时候,会优先考虑进入央企、国企和事业单位等,其次是考研和出国。这与学校教育注重知识的传授,而忽略了创新创业意识的培养有关,这也使大学生的知识结构与综合素质受到了一定的影响。

当代大部分的大学生创业者出生于 20 世纪八九十年代以后,且多为独生子女,他们在一个相对宽松和安逸的环境中长大,比较缺乏吃苦耐劳、艰苦奋斗的精神,独立性和自立意识普遍不强,并对父母有较强的依赖性,对于创新创业实践活动在心理上未做好准备,实践能力也较欠缺。实践就是要将所学用到现实实践之中,现代大学生参与社会实践的机会相对而言比较少,导致动手能力和实践能力较差。虽然很多大学生不满足于现实状况,但往往只是发发牢骚,没有做出改变现状的行动。在实践过程中,有些大学生虎头蛇尾、见异思迁,不能够将一件事持之以恒地做下去,部分大学生的兴趣爱好会随着时间、心情等经常变化,其兴趣也难以形成。

大学生还没有深刻地认识和理解创新创业,普遍认为创新创业仅仅是参加些社会实践或者竞赛活动。在缺乏创新创业知识以及正确引导的情况下,尽管部分大学生有创新创业意向,但无法顺利完成整个创新创业过程。由于社会经验的欠缺,多数大学生在日常生活中做事常常只凭一时的激情,做事情考虑得不够成熟和系统化,不但缺乏深思熟虑,还欠缺坚持的韧性。当代大学生比较急功近利,对风险和困难的预判也不足,在遇到挫折时容易气馁,无法领悟人生道路上的真正哲理。大学生虽然有一定的专业知识,但是社会经验相对缺乏,理想主义色彩比较严重,容易纸上谈兵。

(二)高校的创新创业教育较薄弱

目前,尽管部分高校已开办了与创新创业相关的讲座以及职业生涯规划、创业基础等课程,但是开设有针对性的创新创业课程的高校并不多。其相关教师普遍只是引导学生找工作,很少主动分析大学生进行创新创业的必要性和迫切性。我国创新创业教育的发展时间、发展程度和西方发达国家相比,存在较大差距。我国大学生的创新创业教育陷入了教育理念不正确、教育对象小众化、创业课程体系不完备、教育资源欠缺的困境,没有真正从整体上开发创新能力培养的内在教育机制。

"面向 21 世纪教育国际研讨会"首次提出"创业教育",并表示创业教育为未来的"第三本教育护照",并将其与"学术护照"和"职业护照"同等对待。创业教育是关于培养大学生如何开展自主创业的教育。然而，我国高校师生并未完全接受这种教育理念，大多数人认为其是在大学生就业竞争压力增大的情况下，为提高就业率的功利举措。而当下我国创新创业教育理念总体来说属于技能型的创新创业教育，因此在此教育理念的指导下存在较强的功利性质，从而导致高校主要关注培养大学生的创业技能，并将成功创业作为主要的目的。技能型的创新创业教育发挥不了教育应有的作用，对于提高大学生的创新创业能力来说，其作用也是非常有限的。我们所讲的创新创业教育不只是技能和技巧的传授，更重要的是培养大学生的创新创业意识和精神，让他们有足够的内在动力去前行。以美国百森商学院的蒂蒙斯教授为代表的创业教育学者认为，大学生创业教育不应该以追求眼前的利益为目的，而应该以培养创新创业的新人为目标。只有素质型的创新创业教育才能普及创新创业理念，并激发大学生的创新创业意识和兴趣。

人们普遍认为创新创业教育是主要针对有创业意向的学生而开展的教育活动，实质上创新创业教育的目的是使大学生具备在未来开展创新创业实践活动所需要的思想意识和创造能力。我国创新创业教育主要面向高职高专大学生和本科大学生中的小部分，从量上来看，对于我国庞大的大学生群体来说占比很小。教育面向的对象应该是我国在校的全部大学生，这样才可能为大学生构建良好的创新创业大环境。在高校的具体创新创业教育指导中，一方面仅仅针对部分有创业计划的学生进行指导，而另一方面仅仅依靠名人讲座和创新创业大赛的形式来指导学生。大部分学生只是袖手旁观的观摩者，只有少部分人才成了实践者。

大学生创新创业意向和意识的培养是一个长期的过程，不应该到高校阶段才开始培养，而应该从初等教育阶段开始，贯穿整个教育阶段，成为一个系统的培养过程。让学生尽早接触与创业相关的思想，有利于从小培养孩子的创新创业意识，帮助学生规划未来的发展方向。国际劳工组织 KAB 项目全球协调人克劳斯·哈弗腾顿教授认为，在高校开展创业教育，并不是要求学生开办一个企业，而是培养学生的创业意识和精神，并使他们具有企业家的思维模式。"创业教育的主要目的是让学生有创业的理念，同时让学生觉得自己能够创办自己的企业。"当经历过一定的历练之后，曾经的创新创业教育可以帮助他们解决实际中遇到的问题，对于整个社会的发展和创业者本身来讲都具有重大的意义。

创新创业教育课程体系不完善，缺乏系统的教学体系。在我国，创新创业教育的课程体系尚处于初建时期，大部分课程是以选修课的形式开设的。创新创业理论课程主要由创业基础、职业生涯规划、就业指导等课程构成，且普遍不分专业背景，整齐划一地开设相同的课程，缺乏有针对性的与专业知识相结合的内容。从创新创业教育教材的内容上看，现阶段高校主要从技术层面上引导学生努力找工作，很少为学生分析自主创业的必要性，也不太关注创业理论层面的高校创新创业人才培养的内在教育机制问题。从创新创业教育教材的使用来看，课程设置不合理，没有将学生的专业类型差别纳入教学管理之中。正是针对具体专业开展的创新创业教育不全面，导致了适合不同学科背景的理论教材也相对较少。此外，课程多数以讲座的形式开展，课程的内容也较为单一，缺乏衡量课程的统一标准，课程分散，缺少整合。

创新创业教育的师资力量不足。在我国，高校创业教育的师资力量多数由学生工作部、就业指导中心等部门的老师转型而来。多数师资未接受过系统的创业教育培训，从而缺乏扎实的创新创业理论知识和实践经验。他们更倾向于使用传统的教学模式，对大学生创新创业思维的引导和培养不足，仍然主张传统的教育理念，不能满足当前创新创业教育的需求。此外，不少高校教师知识结构未及时更新和转变，缺乏对新事物的理解和认同，相应也限制了创新创业教育的开展，不利于开拓学生的思维。与此同时，校企合作缺乏有效的机制，没有系统性地将有着丰富创业经验的创业者纳入师资体系。尽管现在也有不少高校尝试着邀请创业者参与创新创业教育，但未形成制度化的管理，缺少长期的规划和顶层设计，并且在创业人员的邀请和创业内容的选择上也存在较大的随机性。因此，高校创新创业教育的发展较缓慢。其原因主要是高校缺乏创新创业的环境和氛围，对创新创业教育的引导和投入不足，从而使得学生的创新创业积极性不高，当学生遇到困难时也没有对其进行足够的指导，这些方面都不利于创新创业实践活动的成功开展。

（三）大学生家庭的传统就业教育

家庭是孩子的第一所学校，父母是孩子的第一任教师，家庭教育对创业人格的形成起着十分重要的作用。的确，一个人从出生开始，就生活在特定的家庭之中，家庭环境对人的影响是终身的，尤其是人格品质方面的影响力比学校教育更强。在与家庭成员的交往之中，学生能学习到最基本的生活常识，以及同他人进行交往的方式方法。个人受家庭的影响颇大，因此在家庭教育中，父母对子女的影响也极大。

有些对子女管教特别严格的父母，望子成龙，只关注子女的学习，而对于孩子其他的兴趣和爱好不给予支持，缺乏一定的沟通，还经常用命令和指责的方式强迫孩子做事情，这样很有可能会导致子女形成不自立的性格，很难适应社会。"学而优则仕"的传统就业观念，以及传统的计划经济体制，使学生的创新思维受到了束缚，其自主创新创业的意愿自然也就不强，并且在传统文化体系中也缺乏鼓励个人开展创新创业的文化底蕴。传统中国家庭在教育子女时比较强调依赖训练的结果，致使子女养成了一种依赖的性格。这种性格在个人对于成就目标的选择和追求上，表现为倾向于依赖父母或者他人的决定，个人比较关注父母或者他人的评价标准和评价结果。家庭教育中，大部分家长也倾向于向孩子灌输"就业首先要考虑事业单位或者国有企业"的思想，在一定程度上制约了大学生批判精神的培养和发展。

目前，我国的家庭比较注重学习，不提倡个性的发展。主要是因为我们当代大学生大部分家长的受教育程度偏低，思想观念相对保守，对孩子的教育也缺乏很好的规划，很少要求创新，很大程度上也就影响了孩子的全面发展。大多数家庭对其子女的期望就是毕业后找一份具有稳定收入的工作，能过上安定的生活。因此，大部分大学生的家庭对于学生创新创业的接受程度不高，不愿意让大学生冒险创业。

正是家庭的保守教育，导致大部分学生不敢创业，也不愿意创业，主要是害怕失败，害怕冒险。传统的精神胜利法也阻碍了我们大学生对失败的反思，精神胜利法表现为达不到目标就否定目标的价值，以及在失败的时候，从肯定自身找理由，否认失败。现在我们经常会说失败并不可怕，可怕的是拒绝承认失败。的确，我们要正视自己的失败，要从失败的经历中积累经验教训，防止下次再犯。并且还需要具备大胆去闯的精神，人生如果没有大胆去闯的精神就干不了大的事业，只有抓住机会，才能有不一样的道路。传统的精神胜利法教育会让大学生错失从失败中走出来的机会，长此以往大学生将会丧失主体意识，失去实现自我发展的能力。因此，大学生要勇于去尝试，即使失败，也要从失败的经验中学会改变，做到总结经验教训，运用新的方法来解决现实的问题。

第三节　大学生创新创业精神培育与能力提升的策略

各高校开展大学生创新创业教育的情况，是观察高校是否紧扣时代主题的重要窗口，这个窗口起到了很好的监督作用，也起到了促进的作用。因此大学生创新创业精神培育与能力提升的工作俨然已经成为各高校开展日常教学与管理工作的重要内容。只有进行精神培育才能够使得大学生的创新创业能力得到提升，才能够使得大学生带着真知灼见，满怀激情与热情地步入创新创业的舞台，在舞台上展现自己优秀而又独特的一面，奋力唱好关于创新创业的曲目，以自身的魅力吸引大家关注的目光，成为舞台上的"明日之星"。

从目前的实际情况来看，我国大学生创新创业精神培育和能力提升的目标包括以下几方面：坚持创新引领创业、创业带动就业，主动适应经济发展新常态，以提升人力资本的素质为出发点，努力提升大学生的综合素养，使得大学生各方面的素质全面提升；为培养更多的全面型人才做出不懈努力，着重培养学生敢为人先的求真求异的精神，追求卓越、永不止步的进取精神，敢于承担风险的精神，协同合作的团队精神，一丝不苟的踏实肯干精神，以及毫无怨言的吃苦耐劳精神；实现优化知识结构，将知识与实践进行结合，培养面向未来的创新型和国际型高水平创新创业人才。高校深知其承担着为国家培养复合型人才的重任，在明确承担的职责后，高校要积极地为企业搭建用人平台，对学生进行深化创新思维的教育活动，通过发扬创新创业文化等具体措施来推动我国大学生创新创业精神的培育工作。

一、扭转观念，助力创新创业精神培育与能力提升

由于受到早期应试教育模式的影响，目前许多人对于大学生创新创业教育还存在错误的认知，包括一些家长也存在这样的错误认知，一些家长认为辛辛苦苦供孩子读了十余年的书，让孩子接受了十余年的教育，当离开大学校园走向社会后，就应该找到一份稳定而又安逸的工作，最好是"读书、看报一整天"的状态，不会遇到什么大的挫折，并且能够拿到较高的薪资。家长出现这样的想法是可以理解的。因为教育也是一种投资，家长为了孩子的教育成果不仅仅付出了精神上的投资，更付出了经济上的投资。为了提升孩子的学习成绩，花高价报补习班、培训班，步入大学校园后，日常生活费也是一笔不小的开支。所以对于家长来说，孩子毕业后进入工作单位才是明智之选。如果选择了创新创业，就选择了一条具有风险的发展道路，因为没有人能够预料创业是成功的还是失败的，成功固然好，如果失败了，必将满盘皆输，家长的期望与投入的资金将被消耗殆尽。家长出现了这样的思想必将影响到大学生的职业选择。但是严峻的就业压力首先打碎了家长们的期望，毕业后找不到合适工作岗位的学生数量变得越来越多，家长与学生变得焦虑不已。所以，他们的观念需要在这时进行扭转，因为创新创业也是一种职业，能够发挥学生所长。只有观念扭转了，学生的底气才会更足，开展创新创业时才不会感觉到束手束脚，自然能够在创新创业的道路上大展身手。

二、学习借鉴，兼收并蓄助力大学生创新创业精神培育与能力提升

我国开展创新创业教育的时间并不长，或者说目前仍然处于初步发展的阶段。当我们还不具备快速发展的实力时，就需要将目光放长远，将眼光投向世界先进国家，学习他们的优势，将优秀的理念与思路引进来。当然，引进来的理念与观念要符合我国国情与地方特点，不能出现"外来的和尚好念经"的错误思想，将引进来的观念进行本土化的洗礼后，再加以运用。也就是说，我国要将先进的模式运用在我国的创新创业教育中，只有这样才能够为我国人才的成长提供好的平台。既要做好引入者，又要做好两种文化理念的兼收并蓄工作，两种观念的存在并不是矛盾的或者对立的，而是相辅相成、互为依托的，要让漂洋过海来到我国的新思路与新观念真正地在我国的土地上扎根、生长。

三、系统化分析大学生创新创业实践平台

目前，我国高校在大学生的创新创业课题上存在过于理想化、学生激情与能力不匹配、理论与实践连接不紧密的问题。如何为大学生创新创业活动提供一个完整的教育体系和良好的实践平台，成了学校、社会和国家极为重视的问题。

高校要正确认识大学生创新创业活动实践平台体系的现状及暴露出的问题，系统化地转换角度，从构建硬件平台体系出发，形成符合实际的系统化的创新创业实践教育体系。

（一）大学生创新创业实践硬件平台体系

1. 基础设施

创办大学生创新创业基地的目的在于培养大学生的团队精神、创新创业能力。针对大学生这个阶层的特点，基地有必要提供保姆式的孵化模式，为降低其运行成本提供小面积的办公空间和简易的办公设施，对大学生创办的小微企业提供全程孵化服务。

2. 信息平台

随着社会环境的变化更新，信息技术在逐步发展，人类已进入信息时代。信息时代带来的便捷就是可以对大学生创新创业产生积极的作用，并提高创新创业实践的系统性、科学性和实用性。

创新创业信息平台既可以根据大学生的实际需求提供有力的支持，又有利于创新创业活动的信息化管理，同时还可以利用信息平台普及"互联网＋创新

创业"理念、提升科技创新氛围。

3.投融资服务平台

目前资金问题仍然是大学生创新创业过程中客观存在的问题。创业过程充满了艰辛，参与人数较少，且成功率低。

出现这些情况最主要的原因如下：融资渠道有限；融资资金总量较小；融资政策具有滞后性。要把支持和服务有效整合起来，建立针对性强的、高效运作的、系统化的大学生投融资服务平台。

（二）大学生创新创业实践软件平台体系

对大学生开展创新创业活动起着巨大方向性作用的是大学生创新创业实践软件平台。

1.实践平台的体制机制

大学生的创新创业实践活动，可以是一个实体组织、一个项目等，但无论以什么形式来进行，都会涉及实践平台的经营体制问题及运营管理问题。

创新创业实践平台的体制机制主要由以下方面来体现：高校孵化器的运行机制、通过实践活动实现科研创新的学分确认机制、创新创业实践教育的管理体制等。这些都是我们在进行创新创业实践教育的过程中需要实施的体制机制，它的研究和应用能够保障大学生创新创业实践平台体系的有效运转及可持续发展。

2.社会文化基础

我国整体国情表现为，在现阶段社会缺少对创新创业方面的支持和认可，创新创业的文化氛围基本为零，导致大学生在创新创业过程中缺少主动性支持。大学生的创新创业主动性主要源于社会文化的氛围，这也是创新创业文化建设的基础。

3.政策支持

政府的相关政策对大学生的创新创业是有着主导作用的。无论在任何时候，政府提供的多项有力措施与支持都能够让创业者吃一颗"定心丸"，这个支持政策为创业者带来了福音，同样带来了光明和希望，更为创业者提供了融资、开业、创业指导等诸多方面的各项服务和支持。

我国大学生创新创业政策的制度制定缺乏系统性，政策制定的目的具有一定的功利性，政策的普及性和执行、监管力度有待提高。创业政策的制定需要从几个方面去考虑：市场环境、融资启动期的支持政策、目标群体战略等。针对大学生的创新创业实践，尤其需要从以下几方面着手：良好的投资环境、定期的创业培训、简化创业贷款手续等。上述几项政策均可为大学生的创业保驾护航。

4.法律保护

大学生创新创业是大学生实现自我价值的一种方法，也是国家实现经济发展、促进社会进步的一条重要途径。但是目前，大学生创业存在政策和制度上的不足，诸多的法律缺失是比较突出的问题。支持大学生创业需要有制度保障，而法律是必不可少的，国家在法律方面的扶持力度存在缺陷，应该建构适合我国国情的大学生创业法律体系。因此，应当把法律政策扶持纳入创新创业实践活动体系当中。

四、大学生创新创业能力提升的优化途径

对于大学生创新创业能力的提升势在必行，那么如何进行有效提升则是更为重要的事情，一般而言可通过下列方式进行提升。

（一）建设一支能力强、素质高、技术硬的高等级创新创业人才团队

只有拥有这样一支能力强、素质高、技术硬的高等级创新创业人才团队，才能够不断加强技术革新，提高创新创业团队的整体综合实力。这是首选的一种方式，也是必须选择的一个途径，只有这样才能提升创业效率与质量。为了更好地提升创新队伍的整体能力，就要站在全面发展的角度来推进工作的开展，要在现有创新力度的基础上进行深度的扩展与拓宽，要形成既有理论依据同时又行之有效的创新创业模式。同时要在大学生新知识接收和技能提升方面有所要求，主抓综合素质的提升。

（二）确保对创新意识有正确、深刻的认识和理解

在这个"创新"已被妇孺皆知的时代，如果我们仍然对创新存在错误的理解，那么注定无法融入这个时代中。21世纪对于全人类来说，是一个崭新的时代，更是一个充满了奇思妙想与创新思维的年代，好似跨入21世纪的门槛后，许多事物都在一夜之间发生了天翻地覆的变化，一些事物的风貌在一夜之间被重新书写，大家直呼时代的发展太快了，时代的变化太大了。其实并不是时代变了，而是大家的思维方式与观念发生了变化。因为人类的身体里流淌着求新求变的血液，人类总是向往美好而又便利的生活，对于美好事物的追求永不停歇，所以，只有通过创新思维衍生出的创新活动才能够顺利开展。比如，具有

创新意识的新就医模式就得到了大家的一致认可，以前患者去医院就诊，如果想要选择医术高明的医生来为自己出诊，需要凌晨2点甚至更早就要来到医院的挂号窗口排队，用"一号难求"来形容一点不为过。即使这样也不能保证能够挂到知名专家的出诊号，对于患者以及患者家属来说，这十分苦恼。而随着大数据时代的来临，创新思维在这个领域得到了深度体现，借助互联网设置的平台，能够提前进行出诊预约，查看科室中医生的出诊经验、擅长领域、出诊时间等详细的内容。患者根据自己所需来选择相应的专家，只需手指轻轻点击就能够省去"跑断腿、磨破嘴"的烦恼，着实为患者及家属带来了实实在在的便利。而带来这种便利的前提是人类创新意识的提升，因此，不难发现，只有创新意识被正确和深刻地认识后，创新行为才能应运而生。

对于大学生而言也是同样的道理，首先要对创新意识有全面而客观的认知，要有正确的理解。这样才能自觉遵守相关指标的要求，不会出现错误的认识，并确保相关环节、流程的标准化。大学生要把树立良好的形象和效益最优化放在第一位。因此，大学生要重视创新意识的培养，实现服务标准化、行为统一化，确保创新后的工作质量，以此更好地展现自我价值。

随着互联网＋时代的来临，人们的生活节奏变得很快。在匆匆的岁月中，人们几乎都已经淡忘了创新这件事，只要有手机，便可通过搜索引擎查询到相当多的重要信息。这样的方式固然好，却影响了人们的创新思维，使得智能时代的人们都产生了极强的手机"依赖感"。中国有个成语叫瑕不掩瑜，也就是说，世界上不存在百分之百完美的事物或者现象。任何一种存在于世界上的事物与现象都具有两面性，优点与缺点只是一种相对论，并不存在绝对的优点和绝对的缺点。我们只是希望人类不要过于依赖智能手机，否则我们的想象与创造思维会受到限制。在这样的时代背景下，我们要采取多元化的思维模式，强化创新思维，无须回避数据时代带来的便捷，要采取积极的态度将传统与现代进行完美融合，加强创新思维与创新途径的拓展。在这个阶段，要足够重视理念上的转变。

（三）深度开发创新思维模式

深度开发创新思维模式，这是非常重要的一点。此外，还应与新技术相联合，并能适应内部、外部业务程序。深度开发创新思维模式要注意解决关键问题，为创新创业活动注入新的活力。

大学生是时代骄子，是能够较快地接受新事物的人群。因为他们的思想活跃、思维敏捷，对于新时代的新事物总有无尽的追求。所以，我们要保护他们求真求变的思维，在此基础上将创新创业思维通过"润物细无声"的方式融入进去，这样就不会显得过于突兀或者令人措手不及。在融入了创新思维后，要根据学生的理解与接受程度来进一步对创新创业团队成员的创新思维进行必要的深度开发，以此形成先融入后深化的培养流程，促使每一位团队成员都能够守正创新，使得创业之路能够走得更久远。

五、开展大学生创新创业实务指导

中国目前的教育模式主要是让学生从小到大都接受更多的理论知识的教育教学，把主要精力放在了书本知识上。传统的人才培养模式侧重于课堂上理论知识的教学，忽视了实践能力和创新能力的培养，学生眼高手低。进入大学之后，大学生受这种惯性思维的影响更容易接受这种被动的教育方式。但是社会现实告诉我们，这样的培养方式会让大学生在毕业之后的工作当中严重缺乏实践能力，从而不适应社会环境，有很多负面影响。部分高校在意识到这个问题后及时地采取了有效的措施，即增加了一些提升学生实践能力的平台，实践教学比例逐年增加，以提升大学生的实践创新能力。其出发点是好的，在实际过程中却出现了一些问题。比如虽然设置了一些实践平台，但是这些平台的利用率不高，甚至有时候出现了"坐冷板凳"的情况，变成了一种摆设，变成了只是为设置而设置的情况，脱离了建设的初衷。要想全面提升大学生的创新创业能力，就需要将这些不切合实际的"花架子"彻底丢掉，将实实在在能提高学生创新创业能力的方式引进来，这对加强大学生创新创业实务指导才具有现实的意义。

（一）满足企业对大学生社会实践能力的需求

企业为了取得长足的发展，需要不断地录用优秀的人才来扩大人才队伍。到高校进行招聘是企业常用的人才录用方式，企业对于人才的要求无外乎就是既具备理论知识，又兼具实践能力，即复合型人才是企业的首选。曾经那种分数高就能够被录取的时代已经远去。因此，高校需要根据时代需求以及企业所需，为国家与企业输送更多的复合型人才，而不是只有理论却没有实践经验的学生。高校要在校内设置能够提供实践活动的平台，要积极为即将毕业的学生搭建与企业沟通交流的平台，并且要做好学生在实习过程中的跟踪与监督工作，发现为学生提供实习岗位的企业存在问题后，要及时做好沟通工作，确保学生的合法利益。高校要为学生提供适合他们的实习岗位，不能出现计算机专业的学生被安排在文秘岗位的情况，这种"张冠李戴"的错误思想既不利于工作效率的提高，也不利于学生实践能力的提高。只有尽全力帮助学生提高社会实践能力，才能使得他们在未来的就业过程中满足企业的需求。

目前，高校毕业生的就业情况是一种"两旺两难"的状态；"两旺"是指毕业生的供应量旺盛和需求量旺盛；"两难"是指用人单位招聘到合适的毕业生难和毕业生找到自己满意的工作难。这个就业鸿沟成为摆在教育界专家与学者面前的一个亟需解决的难题，一方面企业对人才有需求，另一方面人才又不能满足企业的需求，两者之间看似存在着矛盾点，但是又有着千丝万缕的关联。要解决这个难题，我们既要分析企业所需要人才的具体特征，又要分析大学生难以就业的自身原因。第一，用人单位应从自身角度出发思考究竟需要什么样的人才？通过调查发现，大多数企业在招聘时更看重的是大学生所具有的人生观、价值观和综合素质，而在校期间的学习成绩是其次的，那些成绩不是十分突出但是实践能力较强的学生往往能成为企业青睐的人才。通过观察这些学生在实践方面的表现力，企业能够初步判断出大学生是否符合本企业的价值观和企业文化理念。此外，较强的学习欲望和学习动手能力也是企业所注重的。第二，大学生难以就业的原因主要是普遍存在眼高手低、动手能力差、社会适应能力低的情况。从以上两点的分析来看，大学生在学校期间经常参加社会实践活动，提升学习和动手能力、社会适应能力，能够提升自身的就业满意度，同时也能够让企业获得满足其需要的社会人才。而要想实现企业与大学生两者的双赢，加强大学生在校期间的创新创业实务指导是一种行之有效的方式，具有重要的意义。

但是在这样的要求下，许多学生仍然不够重视，甚至不屑一顾，认为用人单位故意刁难，这样的企业不去也罢。企业打开大门却招不到人才，两者之间的矛盾逐渐升级，月月招人，月月却招不来人的情况十分常见。

（二）改变理论化的课程设置及单一的评价标准

从目前的实际情况来看，大部分的高校都存在课程设置偏理论化、评价方式单一的问题。这种培养模式忽略了学生本身的个性化发展，无法培养他们的主动思维和创新创造的意识和能力，不利于激发学生的创新潜能，这样培养出来的学生无法满足当今社会对人才的需求。

值得欣慰的是，目前我国教育界已意识到了这个问题，并且下定决心解决存在的问题。所以，在原有课程培养方案和评价标准体系的基础上，需要重新构架便于大学生开展创新创业的教育体系，需要建立一些能够提供具有指导性意义的实践平台，将课本中的知识真正地"落地"到实践教育中，而不是仅存在于课本上。同时需要丰富课程的设置，增加评价的方法，加强理论与实践相结合的力度，以达到理论知识的学习与创新实践能力的提高互相促进的目的。

实践体系所传授的训练内容不仅可以体现出理论知识间的层次关系，还可以让知识进行交叉、融合，让大学生在学校期间就能够接触到科学研究的内容和方法。实践体系当中所开展的各类创新项目活动、学科专业竞赛等，能够突破以往只以理论考试分数论好坏的单一化评价标准体系，能更加科学地对学生的综合素质进行全面有效的评价。学校为学生提供了一个良好的平台，相信每一位学生都能够在这个平台中找到自己存在的价值和意义，能够在你追我赶的发展过程中不断完善自己，提高自我的创新创业能力。这是高校开展创新创业教育的初衷，更是我们期望能够看到的结果。

（三）激发大学生的创新意识

由于学校的人才培养模式和社会需求之间存在着一定的差距，而且具有创新潜力的人才在学校里又往往具有潜在性和复杂性，被挖掘的难度比较大。因此学校应该利用相应的实践手段全面地识别和挖掘具有创新潜力的人才，只有将大学生的创新意识充分地挖掘出来，才能促使他们投入创新创业活动中，否则创新创业活动永远只是一种停留在书本层面上的理论知识。而激发大学生创新意识的方式有很多，"现身说法"的形式是高校最为常用的一种。将毕业于本校的已经投身于创业的校友邀请到课堂中，与学生进行面对面的交谈，让其将自己的创业动机以及创业过程中遇到的困难和如何解决这些困难等内容做详细的讲解，以自己的亲身经历对大学生起到激励的作用。这种直面交流的方式更具有说服力，能够让学生感觉十分真实，并且学生能够在与校友的交谈中获取自己想要的"干货"知识，使得自己与成功企业家之间的距离不再那么遥远。成功的企业家不再存在于名人访谈录或者企业家传记中，而是实实在在的能为大学生带来影响的身边人。此外，高校还可以通过在校内举办大学生创新创业比赛来进一步激发他们的创业意识。在比赛中会有一些优秀的具备创新思维的参赛者脱颖而出，高校要对这些学生进行有针对性的培养，并且要通过优秀选手的影响力来带动他们身边的同学也参与到创新创业活动中来，形成互帮互助的良好氛围，使得学习气氛愈发浓烈。与此同时，学生之间的友谊也得以提升，真可谓一举两得。即使在未来，大学生并未走向创业的道路，但是曾经的这一段经历也是令他们难忘的，这段宝贵的经历对于他们在其他领域的发展也是大有裨益的。

综上所述，通过多种手段，对大学生创新创业进行实务指导，是非常有利的，有利于学生通过实践来巩固和扩展专业知识，激发学生的创造力，同时对挖掘出具有创新潜质的人才也具有重要的作用。

第五章 大学生创新创业能力培养模式

创新创业能力是一种综合实践能力，它涵盖了创新思维、创业意识、创业精神、创业技能、工匠精神、管理能力等，创新创业能力的培养离不开创新创业教育。韩振等人认为，创新创业教育的目标是培养具有创新思维和创业能力的高素质创新型人才，其本质是素质教育。因此，创新创业能力的培养过程也应该是创新创业人才素质提高的过程。研究发现，高素质创新创业人才应该具备创新思维、创业意识、创业精神、创业技能、工匠精神、管理能力等多方面的创新创业素质。培养大学生的创新思维，应该提高学生的探索能力、激发学生的求知欲，将学生教育成能动性强、变通性强、独特性强、敏感性强的创新型人才。对于创业意识的培养，应该强化学生的商机意识、转化意识、敬业意识，使学生在创业过程中既具有战略高度，同时又具备风险意识，能够实现风险避让。创新创业能力的培养过程是一个综合能力提升的过程，不仅要求学生具备跨学科知识，还要求学生掌握决策、领导、组织协调等方面的能力。

社会对新型高素质人才的需求不断增加，质量要求不断提高。在高校教育中，学科专业划分精细，严重割裂了知识与知识之间的连贯性，严重束缚了专业的融合发展与通识复合型人才的培养。在学科知识交叉渗透的信息化时代，学生仅仅依靠传统的教育方式掌握本学科知识，是无法成为一名真正的创新创业人才的，更别提成为一名新型高素质人才了，因此，培养学生的创新创业能力迫在眉睫。

高校培养人才既要从高校角度考虑，也要从社会视角出发。首先，从高校视角出发，培养大学生的创新创业能力，必须深化创新创业教学体系改革，发展通识教育，重视跨学科知识交叉渗透，注重学生的科研实践能力，将高校学生的创新创业能力培养融入大学教育的全过程。其次，发展面向现代化社会的新型高素质人才，需要以人的现代化为导向培养学生的创新创业能力，实现学生思想观念的现代化、能力素质的现代化以及社会关系的现代化。最后，作为培养对象，高校大学生要提高自身的思想觉悟，结合高校创新创业教育改革契机，实现自身创新思维、创业精神、创业意识等创新创业素质的提升，自觉适应高校创新创业教育的改革与现代社会的发展。本章以新工科视域为出发点，对大学生创新创业能力培养模式进行研究，以期从特殊到一般，对整个大学生创新创业能力培养模式提出有建设性的建议。

第一节　大学生创新创业能力培养目标

新工科视域下的大学生创新创业能力是一种综合实践能力，它涵盖了创新思维、创业意识、创业精神、创业技能、工匠精神、管理能力等。以此为基础，围绕着新工科建设路线与工程教育认证标准，针对大学生创新创业能力的培养，探索创新创业教育能力培养目标不清晰的原因，进一步确立新工科视域下的大学生创新创业素质模型。同时，对新工科视域下的大学生创新创业六大素质进行深入分析，并研究探索新工科视域下大学生创新创业六大素质之间的相关性。

一、创新创业能力培养目标存在问题的原因

目前，人们对创新创业能力培养目标还缺乏一个比较清晰的认识，对于应该培养什么样的创新创业人才，以及如何培养一头雾水。创新创业能力培养目标存在问题的原因有很多，主要体现在以下几方面。

（一）对创新创业教育的重要性与必要性认识不足

在"大众创业，万众创新"的双创大背景下，高校开展创新创业教育适逢其时。然而很多高校对创新创业教育的认识比较浅显，甚至一些高校认为创新创业教育等同于简单的创新课程、创业指导或者就业指导，未能充分认识创新创业教育育人育才的长远意义，认为其目的就是缓解就业压力，解决就业问题。

（二）师资水平普遍不高

创新创业教育是一门新学科，要求创新创业教育导师拥有较高的综合素质，包括创新创业教育基础知识、新颖的授课方式、崇高的职业道德以及指导学生参与创新创业实践的能力。然而高校大学生的创新创业教育师资队伍大多由辅导员甚至是行政工作岗的教师兼任。他们一方面承担着行政工作，另一方面又要授课，承担着创业指导、就业指导等任务。教师自身的素质水平不高，教学压力较大，导致创新创业教育的整体水平较差。辅导员没有接受过系统的创新创业师资教育培训，缺乏相关的知识与社会阅历。新引进的教师虽然具备一定

的理论素养，但缺乏实践经验，对学生的创新创业实践指导仅停留在浅显层面。

（三）填鸭式教育依然存在

填鸭式教育主要体现在两方面：一方面授课教师照本宣科，无教材，不教学；另一方面，学生只读教材，重学分而轻实践。上述思想导致了填鸭式教育的蔓延。高校创新创业教育教师主要以"课堂授课"为主，鲜少为学生提供参与创新实践与创业活动的机会。填鸭式教育一般采用名校名师编写的教材，没有与当地实际情况及本校的实际情况相结合，针对性不强。在此背景下，大多数学生缺乏自主创业意识，他们学习教材的相关内容，只是为了修满学分，通过课程测试。教师本本主义与学生本本主义之间相互影响，这为填鸭式教育提供了生存的土壤。

二、创新创业六大素质分析

大学生创新创业素质主要包括创新思维、创业意识、创业精神、工匠精神、创业技能和管理能力在内的六种创新创业素质。

创新思维是创新创业素质中的核心内容，在大学生创新创业能力培养方面具有重要作用；创业意识与创业精神是创新创业素质中的重要组成部分，是创业者进行创新创业实践活动的思想支撑；工匠精神是新工科视域下大学生创新创业素质培养的核心亮点，工匠精神体现出的不仅是个人的品质，更是一个民族和一个国家对待工作的严谨态度；创业技能与管理能力是创新创业素质中的基本组成部分，对创新创业实践活动具有重要的推动作用。

（一）创新思维

创新思维是创新创业素质中的核心内容，要求学生具备自我探索的内在驱动力、拥有较强的对未知事物的求知欲及勇于实践的探索能力。能动性强是创新思维的内在特征之一，较强的主观能动性有利于学生主动地、自觉地、有目的地对外界事物做出能动的反应，自觉激发并扩散思维。独特性强是创新思维的另一个内在特征，独特性的创新成果是需要以新的方法与独特的思维来创造的。创新思维还要求学生变通性强、敏感性强。变通就是在求"变"，力图通过创新方法对某种现成状况进行改变。

（二）创业意识

创业意识是指创业者从事创业活动的强大内驱动力，是在创业活动中起促进作用的因素。了解创业意识后还需要明确风险意识，而风险意识要求创业者掌握规避风险的能力，在不能完全规避的情况下应考虑如何把风险值降至最低。勤奋、敬业意识要求创业者要勤勤恳恳、踏踏实实做事。大学生没有资金、没有人脉不要紧，但一定要持有积极乐观的态度，一定要有勇气迈出创业的第一步。

（三）创业精神

创业过程中充满着激情与挑战，具备较强的适应能力与领导能力、锲而不舍又雄心勃勃地追求人生目标是创业者创新创业实践取得重大成功的关键性因素，这就是创业精神的写照。

（四）创业技能

创业技能是创新创业素质的基本内容之一，专业技能与自学能力是掌握创业技能的关键。创业技能的掌握需要有强大的自学能力，通过自觉学习本专业知识、跨学科辅修其他专业知识（如创业过程中必须涉及的企业管理与市场营销知识等），不断丰富自身创业技巧、技能与能力。创业技能的掌握需要具备专业技术知识、交叉学科知识、人文社科知识、企业管理知识、市场营销知识以及行政管理知识等。

（五）工匠精神

工匠精神是新工科视域下大学生创新创业素质的核心亮点。如今，很多人心浮气躁，追求"短、平、快"（投资少、周期短、见效快）带来的即时利益，从而忽略了产品的品质灵魂。在新工科发展的大背景下，工匠精神就显得更为重要，因此，高校的素质教育应大力培养学生的工匠精神。工匠精神的基本内涵主要包括敬业、专注、创新等方面的内容，要求"工匠者"具备精益求精的品质、严谨的工匠态度、耐心专注的品格、坚毅敬业的德行与淡泊名利的观念，即在培养大学生创新创业素质的过程中要关注学生"精益求精、态度严谨、耐心专注、坚毅敬业、淡泊名利"等方面的工匠精神内容。精益求精，要求大学生对每个作品、每个项目、每个工序都要凝神聚力、追求极致，不能仅仅满足于"已经做好了"而更应该倾向于"能做得更好"。严谨的工匠态度是当代大学生治学用学、做事处事应有的品行，要求学生对待事情严肃认真，考虑问题细致周全并追求完美。耐心专注就是内心笃定，着眼于耐心、执着、坚定，这是"大国工匠"所必须具备的精神特质。古语云"术业有专攻"，一旦选择了行业、事业，就应该心无旁骛、执着如初地去坚持，在自己的领域不断钻研、下苦功夫，并要有十年如一日的信念。坚毅敬业，表现为对自己职业的高度热爱，将自身职业发展当成人生的大事业来看待。敬业是中华民族的传统美德，也是社会主义核心价值观的重要内容。坚毅敬业，要求创业者有强烈的事业心、旺盛的进取意识、勤勉的工作态度，以及公而忘私、忘我工作的奉献精神。淡泊名利的观念可作为工匠精神的补充内容，淡泊名利并不意味着与世无争、不问世事，而是要保持一颗平淡的心，重干实事，轻外在的利益名声，以超脱世俗的态度远离诱惑和困难，实实在在地对待一切，豁达客观地看待一切。

（六）管理能力

管理能力是管理技能、领导能力等的总称，是创新创业素质的另一基本内容，包括团队合作能力、语言沟通能力、领导感召能力、业务拓展能力、组织协调能力以及决策管理能力等。管理能力的加强有利于企业组织效率的大幅提高。因此培养大学生的管理能力有助于他们在创业过程中提高组织效率，并能提高企业的存活率与成功率。管理好一支团队要求管理者要有高情商与高逆商。情商（EQ），通常指情商系数，主要是指人在情绪、意志、耐受挫折等方面的品质。自我意识、控制情绪、自我激励、认知情绪和处理相互关系是构成情商的五种因素。作为一个领导（管理）者，需要有控制情绪、处理相互关系等方面的能力，才能够领导团队的建设，提高团队的合作能力。逆商（AQ），全称逆境商数，主要是指人们面对逆境时的反应方式，即面对挫折、摆脱困境和超越困难的能力。大多数人在面对困境时没有信心、易惊慌失措，失去了决策能力、领导能力，即使花了很多精力仍然无法解决现实存在的问题，这些人逆商指数通常处于中等及其以下，所以管理能力的提高离不开逆商指数的提高。他们在团队建设、企业运作等方面的沟通、协调、领导等工作往往能做得更加出色。因此，情商与逆商在大学生的管理能力培养中具有重要意义，对于管理能力的加强与提高具有重要的推动作用。

第二节 大学生创新创业能力培养模式的特征

相比传统的全程灌输式培养模式而言，新工科视域下的大学生创新创业能力培养模式呈现出新的气象、新的形式、新的特征。第一，由于经济的转型与产业的变革，创新创业能力培养要能适应新时代、新工程建设需要。第二，教育平台也不再仅仅局限于"三尺讲台"，创新教育平台与创业教育平台的搭建为双创教育提供了新的形式，教育方式更加新颖与完善。第三，驱动体系日益完善，驱动引擎日益多元化。第四，双创成果融合孵化，成果反馈机制作用明显。第五，在整个人才培养模式及运转体系的运作下，创新创业能力培养形成了"教学成果—双创成果—企业孵化"一体化的培养过程。

一、建设目标清晰，认证标准规范

建设目标清晰主要体现在以下两方面：一方面，从国家宏观战略层面来讲，大学生创新创业能力培养的最终目的是服务于社会经济发展需要，建设伟大工程，推进伟大事业。创新发展战略以及中国制造 2025 等一系列的战略目标，就是要求创新创业人才培养的总体实力与建设水平要适应未来经济的发展。另一方面，从创新创业能力培养的具体层面来讲，创新创业人才的素质培养也有了更为具体的要求。创新思维、创业意识、创业技能、管理能力、创业精神和工匠精神六要素是创新创业素质的重要内容，创新创业能力培养应从这六方面着力。新工科视域下大学生创新创业能力培养是围绕着新工科行动路线开展的，意味着创新创业人才的培养不仅要适应国内经济形势的需要，更需要有国际化水平与国际化倾向。

二、教育平台多元，教育方式新颖

创新教育平台和创业教育平台相辅相成，对新工科视域下的大学生创新创业能力的培养有着极大的推动作用。同样双平台教育是对教室讲堂的另类延伸。当代大学生的教育方式不能再拘泥于过去，应当注重多元化发展。教育平台的多样化，是对大学生教育的一种变革。在新时代的潮流趋势下大学生群体应当想的是如何把握机会，对新平台上的知识做好充分学习的准备。填鸭式的教育已成为过去，新式平台的出现，带来了新颖的教育方式，为创新创业教育注入了新的动力。"夫子在课堂上的循循善诱"不再是传授知识的唯一途径，要丰富教学方法，培养学生的创业意识。

三、驱动引擎丰富，驱动体系完善

双平台教育的正常运行，得益于创新教育驱动引擎与创业教育驱动引擎的相互合作、相互支持、相互补充。在两大驱动引擎的通力合作下，形成了创新教育驱动引擎与创业教育驱动引擎双引擎驱动体系，该体系在实践中不断完善与发展。创业教育平台中的驱动引擎（创业教育驱动引擎）包括创业实践、创业讲堂、创业沙龙、创业教育。通过创业教育，大学生能在培训课中获取关于创业方面的理论知识，接着，创业讲堂和创业沙龙能够使学生加深对创业的认识，使其吸取过往者成功的经验，为自己将来创业打下基础。最后是创业实践，将理论转换为实践，是整个创业教育驱动体系的关键，因为创业实践直接关系着大学生将来的创业能否成功。创业教育、创业讲堂、创业沙龙、创业实践这四大引擎，保证了创业教育驱动体系的正常运行。同理，创业教育驱动体系与创新教育驱动体系共同保障了整个创新创业教育驱动体系的正常运转。

四、双创成果融合孵化，反馈机制优良

双创成果是指创新教育成果与创业教育成果。创新创业成果的融合孵化，告别了以往较为割裂的"创新成果就是创新成果、创业成果就是创业成果"的观念，更加注重创新成果与创业成果之间的关联性，双创成果之间相互转化、相互融合。创新教育成果不仅仅是停留在专利、软件产权等层面，要趋向于向创业实践方面发展，创业教育成果也不应该仅仅停留在开公司、办企业的层面，应该融入更多的创新因素，遇到技术瓶颈时要通过创新来解决问题。创新创业教育成果两者之间的交互融合，有利于创新创业成果的更好孵化。双创成果融合孵化效果直接作用于创新创业能力培养模式的反馈机制。在以教育平台为依托、教学引擎为驱动器的作用下，创新创业成果在孵化基地进行创新创业孵化后，孵化的效果将直接传输给反馈中心，有利于更好更快地对创新创业能力培养这一模式进行综合评估。同时依据评估结果对大学生创新创业能力培养模式的不合理成分、内容与方法进行必要的修改与补充。

五、形成"教学成果—双创成果—企业孵化"一体化的培养过程

教学成果的好坏主要取决于在创新创业教育模式下使大学生具备包含创新思维、创新精神、创业意识等在内的六大创新创业素质的培养过程。在这个培养过程中，学生创新创业素质普遍提高，部分学生表现突出，思维卓越者具备了创新创业的基本能力。依托双平台教育，在创新方面，借助学科竞赛、教育

部协同育人项目等创造一系列创新教育成果，如发明专利、实用新型专利、软件著作产权证书等。在创业方面，借助创业实践、创业讲堂、创业沙龙等途径创造一系列创业教育成果，最典型的就是注册公司，开办企业。在教学成果、双创成果产生后，大学生创新创业孵化基地（大学科技园、创业孵化园等）为创新创业成果进一步转化提供孵化平台。因此，创新创业成果的企业孵化是检验教学成果与双创成果的重要途径。企业孵化成果的优劣，将直接反映出教学成果与双创成果的转化能力与实用价值。

第三节　大学生创新创业能力培养模式分析

围绕着新工科视域下的大学生创新创业素质模型，构建新工科视域下的创新创业能力培养模式，提出了"双教育平台＋多引擎驱动＋双创成果融合孵化"的创新创业能力培养模式。双教育平台主要指创新教育平台和创业教育平台。在创新教育方面，引入创新科技竞赛驱动（主要包括中国"互联网＋"大学生创新创业大赛、全国大学生物联网设计竞赛、全国大学生系列科技学术竞赛等）、教育部协同育人项目驱动和创新创业项目驱动等多引擎驱动；在创业教育方面，引入创业实践、创业讲堂、创业沙龙和创业教育等多引擎驱动。最后将创新教育成果与创业教育成果融合后进行创新创业孵化，通过反馈机制提炼出最优化的"双教育平台＋多引擎驱动＋双创成果融合孵化"的创新创业能力培养模式。

双教育平台是进行创新创业教育的基本性平台，主要分为创新教育平台和创业教育平台，前者注重培养新工科视域下人才的创新素质，主要由创新科技竞赛驱动等进行驱动，最后转换为创新教育成果。后者注重培养人才的实践能力，旨在提高当代大学生的创业能力，主要以参加"创业实践"等为驱动，鼓励大学生多参加实践活动，最后在实践中获得自己的创业教育成果。

平台的运转需要"引擎"的驱动，创新教育平台主要依靠创新科技竞赛驱动、协同育人项目驱动和创新创业项目驱动这三大引擎。以通信电子类专业为例，该专业学生每年可参加"国际大学生 iCAN 创新创业大赛""挑战杯"等赛事，也可以积极参与教育部产学合作协同育人项目，获取目标企业的支持。同时还可以参与创新创业导师的创新创业项目或课题，共同研究项目，从而努力取得自己所需的创新教育成果。创业教育平台以创业讲堂、创业沙龙、创业教育、创业实践这四大驱动为引擎，保证创业教育成果的正常孕育。创业教育为学生提供最初的创业经验，让其对创业有初步印象。在创业讲堂上，由老师分享创业的基本要素及成功人士的经历，让学生从他人的经历中累积创业成功的经验。

创业沙龙的举办，是为了让有创业意识的学生聚集在一起，共同研讨自身的创业方向，并在与他人的交谈中，总结出自身的不足。创业沙龙也会定期邀请优秀的创业导师和社会成功人士对在场人的项目进行点评，有利于创业者不断完善其项目。最后是创业实践，旨在为大学生提供一个真实的实践平台，让其初步体验创业过程，可以有效地积累经验。这是真正意义上的由理论转换为实践的过程，是将过去所学的一切创业知识进行成果转换的过程，是创业路上必不可少的重要环节。两大引擎体系为各自的平台不断注入新的动力，以此维护整个理论体系的高效运转。双教育平台的打造与建设，共同保障创新创业成果在线下"孵化园"的正常孵化。在两大引擎体系的驱动下，实现高质量的成果转换，最后通过反馈机制，实现"反哺"，将成果反馈给平台和创新创业能力培养机制，形成良好的循环。这一过程就如绿叶繁花起初吸收树木提供的养分，最后在秋季来临之时，落叶归根，重新化作肥料，滋润树木本身。

新工科视域下创新创业能力培养模式的探索、实践与运转，需要一些适当的方法及手段。改进教学方法、优化创新创业师资队伍和搭建多元化的创新创业基地等，有利于将创新创业能力培养模式落到实处，形成新工科视域下的创新创业人才培养模式。

一、改进教学方法

教学方法是制约学生创新创业能力发展的主要因素，培养新工科人才的创新创业能力，必须实现从"以教师为中心的知识传授或灌输型"的传统教学方式到"以学生为中心的理论结合实践的师生互动培养型"的现代教学方式的转变。笔者经过长期的积累和探索，认为在创新创业教育方面基于 TBL-CDIO 的教学方法是一种比较可行的方法。基于 TBL-CDIO 的教学方法以学生为主体，教师根据各个阶段的教学内容和学生实际的学习情况，拟定基于 TBL-CDIO 的个人项目和基于 TBL-CDIO 的团队项目，通过学生的自主学习和主动思考，形成团队看法，并以团队的形式进行讨论与交流，达到提高学习效率和教学质量的目标。

二、明确创新助力创业的观点，加速创新创业能力培养

时光已流转至以创新为特征的 21 世纪，这是一个充满竞争的世纪，而其竞争的核心就是对人才的竞争。

（一）进行创新的社会条件

1. 社会和谐

社会和谐一直是人类共同追求的理想愿景，也是实现中国梦的实质性要求。在人类不断演化的过程中，社会和谐是永恒不变的主题。

2. 社会公平

公正既体现了人性的关爱本质，又表达了人类的共同追求。公正在创新活动中，具有保护性与指导性作用，保护行业从业者在创新过程中的知识产权及话语权。因此公平在任何国家、任何时期都显得弥足珍贵，公正的创新环境永远是创新者的"尚方宝剑"，能为他们带来极大的安全感。

（二）如何培养创新思维

曾经，当创新理念进入中国社会时，出现了盲目的、跟风式的行业创新。这里所说的盲目创新是指，无论是否与本领域内容相关、无论是否适合本领域的实际情况，只要有创新二字，就要拿来使用，生产效率并未提高，在创新中耗费了大量的人力、物力、财力，走了很多弯路，绕了很多远路。一时间大家对创新失去了信心，因此，在培养大学生创新思维时，我们需要注意以下问题。

首先，将坚持创造性转化和创新性发展确定为开展创新思维培养的基本原则。坚定文化自信，坚持自主创新，摒弃过度的盲目的创新倾向，成为每个人的意识自觉。

其次，在当今快节奏的生活中，创新却是一项慢节奏的技术活，要把中国人创新思维中特有的东方式的从容与舒缓充分展示出来。这顺应了现代人的情感需求，从快节奏的思维方式向慢感受的情绪体验转换，从更高层面启发大学生，让其慢慢体会收获感、惊喜感、认同感这些相对慢与静的情绪感受，带给大学生平和温暖的情绪体验。

最后，在对大学生进行创新思维培养时，教师要确保对创新意识和技术有正确、深刻的认识和理解。总体来讲，创新是方法，要利用这个方法对固有的行业技能进行改变，对生活进行改进、改变并改造自身。

三、搭建多元化的创新创业基地

首先，建设新工科视域下的创新创业实践基地。依托学院创新基地管理中心，完善基地管理制度和办法，围绕着新工科建设路线，并依据工程教育专业认证标准，进行资源整合与双教育平台互联，构建一个新工科视域下的创新创业实践基地。

其次，加强校企合作，构建具有创新创业特色的教育部协同育人基地。在加强校企合作的过程中，围绕着学院现有的10项教育部"产学合作协同育人"项目，构建一个具有创新创业特色的教育部协同育人基地。

最后，依托大学科技园，构建体验式的创新创业孵化基地。依托大学科技园的优势特色，将创新教育成果与创业教育成果进行融合孵化，形成教师引导学生创新创业的体验式创业新模式，构建体验式的创新创业孵化基地。

四、培养大学生创新创业中的风险防范意识

（一）创业过程中的风险及其防范

1. 风险分析

在这一时期，创业者面临的最直接风险就是市场风险。因为一个新的产品在投入市场后，是不可能在一天、两天内取得预期收益的。借助经济学以及心理学原理，我们可以得出结论，新的产品要深入人心必须经历一个从陌生至熟悉再到耳熟能详的阶段。这个阶段是漫长的，甚至是没有任何经济与社会效益回报的。在这期间，许多创业者出现了灰心、垂头丧气、一蹶不振的情况，没有坚持到最后，中途选择了放弃，最终宣告创业失败。市场风险是每一个创业者都必须面临的风险之一，也是最大的风险。

2. 风险防范

任何一项能力都不是与生俱来的，而是需要经过不断培养与锻炼的，同样，对创业风险的防范能力也是如此。我们不能杜绝风险，但是可以对风险进行有效的防范，将其发生概率降到最低。

（1）对创业产品进行客观的评价

经过创业初期对市场的调研，创业中期创业者已对自己的创业目标更加清楚了，因为创业产品能否拥有良好的社会口碑已经得以证明。如果通过市场验证，创业产品的市场份额与占有率未达到预期，甚至出现了不尽如人意的情况，创业者就要及时调整产品结构，优化产品资源，以扭转惨淡的经营局面，而不能固执己见，在定位错误的道路上渐行渐远。

（2）识人善用，知人善用

创业企业经过创业前期所有团队成员的共同努力，已逐步走上正轨，这时候，资金来源对于创业者来说不是最重要的，最重要的是如何管理一支高效的团队，使其能够为企业的长足发展贡献力量。因此，识人善用、知人善用就显

得尤为重要了。每一个创业者都要拥有一双"慧眼"，以甄别团队中哪些人能够为企业发展做出贡献，哪些人是不适合在本团队中发展的。对于不合适的、发展理念与本团队相悖的员工，要及时做出调整，以免影响团队的整体利益。

（二）创业后期的市场风险

在这一阶段，创业企业面临的市场风险已不再是产品能否被市场接受的问题，而是市场容量是否能够支持企业的发展。众所周知，在市场经济时代，各行各业的竞争极其激烈，可以说，今天市面上出现某一种产品，在不久的将来，市面上就会出现同类产品。这些新产品的出现无疑会挤占原本就有限的市场份额，双方为了取得经济效益，纷纷运用不同的宣传手段，有的企业甚至会违背广告法，制作夸大其词、贬低同行的广告语。这时，消费者有时候就会对产品产生强烈的质疑，进而对产品失去信心，失去购买欲望，导致企业步入破产的结局。

第六章 大学生创新创业教育模式

在新的时代背景下，大学生创新创业教育显得尤为重要。因为我国大学生创新创业教育正处在逐渐发展的阶段，为了顺应时代的潮流，对大学生创新创业教育模式的研究势在必行。

第一节 我国高校创新创业教育的现状及问题

一、我国高校创新创业教育现状

为了了解我国创新创业教育的现状，本小节以吉林市 8 所高校为研究对象，对高校负责创新创业的部门进行访谈。

（一）创新创业教育基本情况

在教育部、团中央、就业部门的宏观指导下，各部门制定了一系列的措施，极大地推动了吉林市高校创新创业教育的发展。各大高校普遍重视相关的教育，通过第一课堂和第二课程相结合的方式加强了对学生的全方位教育，有一些高校也取得了很好的成果。调查发现，大多数高校以团中央开展第一届创新创业竞赛为起点开展创新创业教育，部分高校因自身客观因素则开展得较晚。在"是否成立校级创新创业教育领导委员会和工作主体部门"的问题上，个别高校成立了校级层面的领导部门，大多数高校在开展相关工作时以教务处为主，就业处、团委也参与相关工作。在工作的开展方面，笔者通过访谈高校内相关部门了解到，各部门分工不明确的情况较多，相关部门多数根据上一级单位的要求完成工作。如各高校的团委根据团中央的要求开展"创青春""挑战杯"和其他创业竞赛，就业处举办各类招聘会、就业讲座，部门之间的沟通相对较少。笔者在访谈中还发现，很多高校反映学校的教育理念跟不上教学改革的进程，教学过程中还是以灌输式的教学为主，实践教学较少。

（二）创新创业师资队伍情况

教师是教育的实施者，通过让学生树立创新思维和意识，进一步引导学生参加创新创业实践，培养社会发展所需的人才。通过访谈和对文献的研究发现，我国高校目前都配备了创新创业方面的教师，根据学校的课程安排授课。但是笔者在访谈中也发现，很多高校缺少有实战经验的企业管理人员、创业成功人士作为高校创新创业教师力量的补充。有一些学校表示，现有的教师大多数不是创新创业方向的，缺少相关的教学经历。高校为了完成上级的任务会临时请一些在创新创业方面有少数经验的教师授课，这些教师自身有一些工作任务，只能利用很少的时间做创新创业教育方面的工作。有的高校还表示，为了提高教学的实用性，会外聘一些老师来校授课，但是这部分教师很多都没有授课的经历，授课效果不理想。在访谈中，还有部分高校提出，学校针对创新创业教师开展的培训较少且效果差，大多是派教师外出学习、开会、交流经验，而对学习的效果没有明确的评价标准。有的教师还反映，在教师考核内容上，没有设置针对创新创业教师的标准。对于他们而言，不但要完成日常教学工作，还要指导学生参加竞赛、指导学生创业，同时为了更好地教学还需要到企业参加实战学习。但是，学校没有将这些工作纳入教师考核标准，这就影响了教师的工作积极性。

（三）创新创业文化氛围情况

高校在文化引领方面有着重要的作用和独特的优势。大学生是最能够接受新鲜事物的群体，他们为营造高校的创新创业文化提供了源源的动力。目前，我国高校都会在每年的上半年举办形式多样的创新创业类竞赛，有的由教务部门、团委、就业处等部门承办，有的有条件的高校会把相关竞赛交由院系承办。这种氛围下，学生能够积极参加到创新创业中来。但也有高校由于没有相关专业等原因，不重视竞赛的作用。这些学校会举办相关竞赛，但是学生的知晓程度较差，参与度也比较低。也有的学校反映，一些形式类似的竞赛开展得过于密集，在4—6月份甚至会举办多场相似的比赛，有的项目会同时报名多个比赛，有的评审教师也会在不同比赛中评审同一个项目。营造校园创新创业氛围的另一个重要方式是举办讲座、开展主题文化活动，有些高校还成立了与创新创业相关的社团，并为社团配备了专业的指导教师。这些举措有效地发挥了第二课堂对第一课堂的补充作用，激发了学生的兴趣，提高了学习的效率。但有的学校反映，这些活动在举办时缺少统筹安排，在活动开展的顺序和活动内容上没有连续性，有时候活动开展得十分密集，有时候则开展得很少。

（四）创新创业实践教育情况

实践基地的建设是大学生创新创业实践教育的重要形式之一，实践基地是锻炼学生能力的有效场所，是学生走向工作岗位的良好过渡。笔者通过访谈了解到，大多数高校认为学生通过实践基地的培育，能够将学习到的理论知识更好地融入实践。但同时，有的高校认为，学校为了完成上级的任务，建设了校内校外的实践基地，但是在基地的具体使用方面缺少管理人员和管理制度，使得有些学生不了解实践基地的作用。校外实践基地方面，很多高校将实习单位、就业基地作为校外实践基地，而企业由于自身因素，不能够提供足够的实践岗位。

二、我国高校创新创业教育存在的问题

（一）缺乏敏锐的目光，无法抓住时机

现如今科技的进步、技术的变革、价值观与生活形态的变化带来了社会和人口结构的变革、产业结构的变革等。环境变化了，市场需求、市场结构必然发生变化。每一位创业者要适应这样的变化，并且迅速抓住变化后民众的需求，将其视为创业的新起点。如手机贴膜，在 20 年前并没有这一职业，但是随着网络信息时代的来临，随着信息化大门的打开，电子产品、大数据、云计算等新兴领域以铺天盖地之势成为时代最强音。有人发现了商机，便马上采取行动，借助大好形势，成了第一批手机贴膜业者。毋庸置疑，这些人收获了财富。所以马云说过一句话："最早富起来的人都是最具有敏锐眼光的人，敏锐眼光靠的就是能够抓住时代的变化。"

但是，令我们遗憾的是，许多创业者空有一腔热情，只是在"想"创业，而不采取实际行动，未将"想"与"做"结合起来。如此，创业便等于一纸空文，便等于纸上谈兵。因此，抓住时机，并迅速付诸实际行动，是大学生在创业时必不可少的一项技能。现在想一想，你所关注的、所熟悉的领域正在悄悄发生哪些变化，密切注意这些变化，善于捕捉有价值的信息，如此便能找到属于你的创业机会！

（二）缺乏创新精神，不能实现 1+1>2

大学生由于社会阅历较浅，加之一直都过着循规蹈矩的生活，所以在某种程度上，缺乏一定的创新精神，缩手缩脚，不能将两个看似不相关的实物进行有机结合。而那些将不相关事物进行有机结合的人，大部分都是成功的创业者。

比如，有关制造塑料软包装保温瓶的设想，利用热敷原理，使新产品既能保温，又能用于取暖或热敷。但由于现阶段尚难找到理想的材料，人们把热敷原理转换成药敷原理，开发出了药物褥垫等一类新产品，把保暖和治病的两种功能很好地结合了起来。这就是奇特性设想的案例。通过极强的创造性，将"不可能"转变为"可能"，这个"可能"可通过跨界组合、行业与行业之间强强联手的方式完成。

（三）缺乏有效的评估标准

近年来，随着国家对高校大学生自主创业的重视，越来越多的高校开始举办大学生创业竞赛，引起了全国大学生的广泛参与，参与度空前高涨。但是，许多大学生仅仅是为了比赛而比赛，只追求在比赛的舞台上大放异彩，吸引大家关注的目光。在比赛结束后，他们无法对自身产品的不足进行有效的评估，也不能对其加以修正，未将这样的辉煌延续下去。大学生只是将创业大赛视为能否评上"三好学生"，能否拿到奖学金的"敲门砖"，并未真正领会创业大赛的意义。

实际上，缺乏有效的大赛评估标准是导致上述结果的重要原因。

第二节　发达国家高校创新创业教育模式

为了进一步分析发达国家的创新创业教育模式，笔者对其创新创业教育模式中的课程设置、师资力量、实践锻炼等几个方面进行了大量的研究，以期为我国建立适合我国国情的创新创业教育模式提供有效的参考。

一、美国高校创新创业教育模式研究

（一）美国创新创业教育的课程设置

美国是最早开展创新创业教育的国家之一。1947 年，哈佛商学院开设的"新企业管理"课程，是美国大学开展创新创业教育的开端。据统计，美国大学现有的创业课程约为 2200 个。同时，美国创业课程除了针对创新创业专业的学生开设外，还面向全校学生授课。全校性课程分为公共课程、专业课程、活动课程。美国课程论专家奥利瓦认为："课程目标就是用具体化的、可以测量的术语表述的取向或结果。课程规划者希望学生在完成了一个课程计划的部分或全部内容后，达到这一取向或结果，课程目标可分为三个层面，即宏观层面、中观层面以及微观层面。"

1. 公共课程

公共课程分为两大类，一类面向全校不同专业的学生，一类面向个别专业的学生，学生可根据需要进行选择。面向全校的创新创业类课程主要是讲授创业基础和商业计划等方面的知识。课程内容涵盖了介绍小企业的基本情况、必备的创业能力等，同时，在学生掌握了基础知识后，还会专门培训学生如何撰写商业计划，要求学生能够以实践为导向，保证商业计划的可行性。针对特定专业学生开设的选修课，大都有着较强的专业性。

2. 专业课程

专业课程是面向学校不同专业的学生开设的课程，是为了在公共课程的基础上，进一步引导学生根据自己的专业特色学习创新创业的知识。这类课程分为必修课和选修课两类，主要讲授市场营销、财务会计、商业计划、创业实战方面的知识。在授课内容上更加专业，涵盖了计划运营、人力资源管理、财务管理等专业课程。专业课程要求学生能够撰写完整的商业计划书，并且要求学生能够在创业公司工作。

3. 活动课程

美国的活动课程是指一些实践课程的安排，包括完成创业项目、举办创业竞赛等。

（二）美国创新创业教育的师资配备

美国高校强大的师资力量，是他们能够在创新创业方面处于领先地位的重要保障。美国的聘用和考核制度十分严格。美国大多数开展创新创业教育的高校都会招聘专业的教师。例如，美国德州理工大学罗尔斯工商学院会招聘有博士学位的在管理学相关专业有研究成果的教师。同时，美国高校要求创新创业教师队伍多元化，百森商学院要求其创新创业教师必须是具有企业工作经历和背景的管理人才，招聘的学者必须拥有博士学位。美国高校对创新创业教师的考核也十分严格。考核标准衡量了教师的教学能力、科研能力、参加创业实践的能力。美国高校的教师聘用制度和我们国家相比有很大的不同，我国高校一般将高校教师列入事业编制，无重大工作过失基本可以终身留任。而美国高校教师分为短期合同制和终身制。这种制度在很大程度上提高了教师工作的积极性，提高了学校的整体教育水平。美国重视教师的实践能力，鼓励教师到校外学习，尤其是到一些企业兼职。同时美国高校还会邀请有着较高社会地位和丰富经验的企业家、创业者来校讲学。美国同时有着规模大、配比合理的师资队伍。

哈佛大学商学院有 37 名创新创业教师、百森商学院有 62 名、加州大学伯克利分校有 20 名、仁斯利尔理工大学有 22 名。在这些教师中，有的是有着较高科研能力和理论水平的专职教师，有的是有着学术背景且创业经验丰富的社会人士，在授课过程中每门课程可以由专职教师和兼职教师共同授课。美国还非常重视教师的培训，通过各类培训班、示范教学或讨论会等基础培训方式提高教师的水平。同时还会依托博士生项目、基金会等培养创新创业教师。美国创新创业教师的工资和福利待遇都十分优厚。尤其是工资方面，创新创业类教师的薪资普遍比其他专业的教师要高。

（三）美国创新创业教育的实践锻炼

由于国情、地理位置等多种因素的不同，在美国，大学生的创业实践活动不仅成了美国经济的直接驱动力量之一，同时也引导着高等教育的发展方向。因此，美国非常重视大学生创业实践活动。

1. 意义重大的创业计划竞赛

美国大学生的创业计划竞赛举办得如火如荼。每场比赛都是在紧张、激烈而又不失友好的气氛中开幕的，参赛选手纷纷表示，通过比赛，能收获许多。他们既能看到自己存在的不足，同时又能够学习其他选手的优点与长处，是一次难得的锻炼与学习的机会；通过沟通与交流，自己的能力得到了飞速提升，极其有利于个人的成长，并且可以少走弯路，进而步入知识累积的快车道。他们表示希望学校能够多组织这样的活动。可以说，大赛盛况空前，每次均有上万人直接参与，取得了丰硕的成果。

2. 为什么举办创业计划竞赛

因为创业计划竞赛除了可以将创业精神体现得淋漓尽致以外，还可以将人人平等的概念体现出来。在竞赛中，广大参赛选手只要凭借自己的努力奋斗，就可以实现自己的创业梦想。也就是说，不管你是否出生于穷乡僻壤，是否拥有高贵的社会地位，只要你付出了汗水，付出了辛苦，付出了辛勤，那么你的梦想之树一定会结出丰硕的果实。因此，有一位教育界专家说，到现在为止，世界上最公平公正的一件事就是学习。在知识的海洋里遨游，汲取丰富的知识，将这些知识运用到创业计划中来，为经济建设贡献好点子、好项目，自己的人生价值也能得到体现。在比赛中，机会公平、规则公平、权利公平，大家拥有同样的机会和权利，在同样的规则下，每一位参赛人可以真正地展示自己的真本事、真能力。这是社会公正的体现，对国家发展具有重大的社会意义。

3. 暑期打工活动必不可少

在美国，学生之间都会有一个约定俗成的习惯，那就是利用暑假外出打工。除了能够赚取基本的生活费用，减轻父母的负担外，最重要的是能够锻炼自己与人相处的能力，学会如何实现自己的人生价值。

在暑期打工中，没有人会觉得枯燥无味。相反，大家在下班后，反而会举办各种聚会，参加座谈会。在聚会中大家就打工中遇到的问题交流心得，寻找解决问题的最佳方案，在轻松愉快的环境中，圆满地解决了实际工作中遇到的问题。因此，有学生说："暑期打工的过程就像一次大的聚会，我非常享受这个过程，当假期结束时，我流下了依依不舍的眼泪。"可见美国大学生将暑期打工视为人生发展道路中的"标配"，没有暑期打工经历的人生是不完美的人生。

那么美国大学生经常去打工的地点都有哪些呢？据统计，美国大学生最常去的打工场所就是麦当劳、肯德基等快餐店了，再有就是餐厅和咖啡馆，这些场所一般要工作到很晚。

第二选择就是去超市打零工，超市关门后需要整理货架，码放新的商品。这个也是晚上工作，适合学生完成。

送外卖也是学生可以做的工作，只要有一辆自行车就可以。许多送外卖的学生说："在送外卖的过程中，能欣赏到路边的美丽风景，还能结交新的朋友，再也没有比这更美妙的事情了，我将暑期打工视为生命中必不可少的一部分。"

二、日本高校创新与创业教育模式研究

（一）日本创新创业教育的课程设置

日本高校开展创新创业教育相对美国和英国较晚，借鉴了他们相对成熟的经验，同时结合本国国情进行了改革和完善。日本特别重视学生创新创业教育的连贯性，针对中学生和大学生均设有创新创业教育课程。同时，由于日本的政府导向作用，社会各界加强了对学校的支持力度，选聘了优秀的企业家、成功的创业者对高校中的学生进行指导。日本最具特色的课程是 2005 年东京大学开设的"企业家道场"，讲师是具有丰富实践经验的企业家、投资者或教师。"企业家道场"的课程设置分为初、中、高三类，分别针对不同阶段的学生开设，课程设置适合学生发展需要，能够结合学生的实际经历。九州大学也是日本开展创新创业教育的典型大学之一，其课程设置更偏重于课堂教学，从树立创新意识到培养分析能力到最后的实践技能训练，通过不同阶段的课程设置全方位培养人才。

（二）日本创新创业教育的师资配备

日本的创新创业教师也分为全职和兼职两种，有所不同的是，日本的教师主要来自企业，专任教师相对较少。同时，日本政府大力支持高校教师和学生团队创办企业，因此日本高校的创新创业教师具有较强的实践能力。在师资培训方面，日本高校除了日常的培训之外，会经常在教师中举办交流会或座谈会，通过探讨、研究，发挥教师的长处，促进相互之间的优势互补，不断提升教师的教学水平。同时，日本高校为了促进教师的全面发展，积极鼓励教授与科研人员从事企业管理、企业研发以及创业等活动。

（三）日本创新创业教育的实践锻炼

在日本政府的支持鼓励下，日本高校的创新创业教育独具特色，为日本的经济发展和人才培养起到了推动作用。日本高校尤为重视学生的创业能力，在实现创业教育目标的过程中，开展了丰富多彩的活动，确保理论教学和创业实践相结合。

1. 产学合作融入课程体系

产学合作中的"产"是广义的，包括工业、农业、服务业、文化、教育，甚至政府管理。"学"也是广义的，不仅指学科，也包括医、商、文及所有专业教育学学科。日本专门职业大学是一所面向普通高中和专业高中毕业生的学校，具有良好的口碑，因为它的设立是从国际通用性层面来考量的，德国、美国等国家的高等教育系统均有"专门大学"这一系统。

因此，产学合作与其他改革战略的出发点是相同的，即为国家培养与输送更多的工程专业人才，成为国家经济建设的中流砥柱，使得本国大学生创新创业教育步入世界先进国家之列。所以它与其他的发展战略并不矛盾。通过长期的实践，我们发现不论有多少种经济发展战略，要想正常、有序、高效地进行与实施，还需要多方努力，只有这样，才能形成最终的人才培养链，源源不断地为国家输送人才。

而在众多的推动因素中，排在第一位的是政府及教育主管部门，因为它的职能是制定产学合作的相关政策和法令、法规，同时要宣传、鼓励产学合作。日本政府在历史上多次通过法令和法案拨款支持产学合作教育。不同地区的政府为大学实习生提供 10%～50% 的实习工资（另外 50% 由企业提供），这是他们实施的工读计划的配套政策。据统计，70% 的工读学生毕业后在本区就业，这就为本区经济发展提供了人力支持，而且就业的学生通过缴纳所得税又将部分资金返回到了社会，其中主要部分用于教育，构成良性循环。

2. 创业实践教育层层深入

在日本工厂里有这样一个有趣的现象：从一名普通一线工人到高管，均非常喜欢和欢迎大学实习生。一方面，这些学生有朝气、有活力，能为工厂带来新的气息。另一方面，这些学生有思想，有学识，有胆略。他们进入车间工作后，能迅速发现存在的问题，并提出合理的建议，将许多陈旧而笨重的机器淘汰，将自己精心研制的机器用于生产，既减少了人工投入，又增加了产品产值，令大家赞赏不已。同时，这些学生还将自己在学校里学习到的关于生产方面的知识传授给了其他工人，又让大家看到了他们谦虚、乐学的一面。因此，大学实习生在日本的工厂中非常受欢迎。

通过上述案例，我们发现，之所以出现这样的现象，是高校将学习与实践完美融合的结果，这样学生才不会出现眼高手低的情况，才会在社会竞争中脱颖而出。

三、英国高校创新创业教育模式研究

（一）英国创新创业教育的课程设置

英国最有名的关于创业教育课程性质的分类是卡洛德的"关于创业""为了创业"和"在创业"的理论。其中，"关于创业"的课程主要面对没有创业基础的学生；"为了创业"的课程主要面对有一定基础，却缺少实践的学生；"在创业"的课程主要针对已经创业的人士。思克莱德大学的课程设置就依据卡洛德的分类标准。

"关于创业"教育课程模式的第一类是针对本科生开设的创业专业课程，第二类是针对不同专业本科生开设的创业选修课，第三类是针对研究生开设的课程。"关于创业"中的创业专业课程主要包括企业和经济学、企业和管理、企业和商业学等专业课程。"关于创业"中的创业通识选修课包括三种类型：一是教授学生与创业有关的知识与技能；二是教授学生撰写商业计划书、分析制定方案，及如何创办企业；三是实践类课程，让学生身临其境地了解企业家，走进企业。"关于创业"中的创业教育课程主要是针对研究生开设的课程。

"为了创业"的教育课程模式有很多内容，最主要的形式包括创业俱乐部、创业论坛、创业事件和节日。

"在创业"的教育课程，主要针对的是已经就业的人士。

（二）英国创新创业教育的师资配备

英国高校同美国一样有一支专兼结合的教师队伍，但同时英国高校更加注重教师的实践能力。在他们当中，有超过 60% 的教师拥有丰富的管理经验，尤其是教授"为了创业"相关课程的教师，几乎都有着丰富的管理经验，还有部分教师有着创业经验。英国高校不但重视教师的选聘，同时也注重创新创业教师的培训，会通过和企业联合的方式对教师进行培训，使教师们能够运用理论知识来解决创业中的实际问题，学会将理论和实践联系起来为学生授课，提高学生的实践能力。与此同时，教师通过这种方式既能够了解创新创业方面的最新动态，又能够学会更多的案例。

（三）英国创新创业教育的实践锻炼

从全球范围来看，英国是开展创业教育最早、积累经验最为丰富的国家之一。近年来，创业已成为全球关注的话题。创新创业的英国大学生人数也在逐年增多，他们在创新创业过程中，取得了丰硕的成果，增强了自己的竞争优势。

新兴科技的迅速发展，极大地推动了生产力的发展，使人类向着更高一步的物质文明、精神文明发展，并使社会发生了一系列根本的变化。创新教育与人文科技相互交叉、相互渗透、相互融合，形成了许多新的领域。也就是说，在满足吃饱穿暖这一基本需求以及社会需求的基础上，人类对精神世界及社会生活又有了更高层次的追求。因为人类通过切身感受，已完全感知到经济发展给大家的生活带来了新气象。所以有了新的思想追求，这是社会发展的必然趋势和结果，绝非偶然的现象。

1.注重实地考察

英国大学的氛围与亚洲大学的氛围有所不同。在英国大学课堂中，教师更加注重与学生的互动，更加注重学生的参与感，鼓励学生多动手、多思考，将自己不同的观点提出来。即使这个观点是错误的，也能够锻炼学生的思考和思维能力。开放的课堂、追求个性的特征是大学校园的符号。因此，英国大学生有着较多的时间与精力进行创新创业研究。学校也为有这样想法的学生提供场地、器具、教师指导，自上而下、由里及外形成了良好的鼓励氛围。

英国高校在安排学生进入企业工作前，必须要组织相关人员（必须是主管教学工作的校领导及所在院系的教师组成的专业考察组）到用人企业进行多方面的实地考察。因为学生及家长对学校的依赖感和信任感极强，来不得一丝马虎、敷衍，来不得一点应付的心理。因此，对用人单位进行前期的细致考察是必须进行的一项工作，不能回避，不能敷衍了事，更不能漫不经心，流于表面。

2. 实现课堂教学与实践的结合

英国众多大学在开展理论与实践相结合的工作时，一直稳扎稳打，稳步前行，不搞"花架子"，由于没有就业率的数字压力，所以其不会盲目跟风开设不相干的专业。几乎每所学校都用心、专注地摸索出了一条适合自己的教育模式，几乎每所院校都建立了数十个联合培养基地，学生在课堂上学到的知识可以在实践平台中得到应用。正因为如此，在世界性的比赛中英国院校的学生能够屡屡获得优异成绩，交上一份骄人的成绩单。其实，这样的殊荣不是侥幸获得的，它凭借的是真功夫、真本事，值得其他国家的院校学习借鉴。

本章对美国、日本、英国三个国家的创新创业教育模式进行了系统的阐述和总结，希望能够帮助我们找出差距，弥补不足，将国外大学生创新创业教育的先进经验融入我国教育教学，创建适合自身的创新创业实践教育体系，进而培养出实用型的创新创业人才，使得我国的创新创业教育能够快速步入世界发达国家之列。

第三节　创新创业教育模式的构建

本小节以吉林医药学院为例来说明创新创业教育模式的构建情况。吉林医药学院前身为中国人民解放军第四军医大学吉林军医学院，是吉林省唯一一所独立设置的西医本科院校，设有医、理、工、管4个学科门类。学校重视创新创业教育，成立了创新创业教育工作领导小组，重点依托管理学院，选拔优秀的创新创业方面的导师为学生提供专业指导；还建立了创新创业教育专项网站，聘请知名企业家、创业成功人士、专家学者和社会各界人士来校举办"吉医求知创业讲堂"，目前已经召开了16期。医药学院学生除参加"创青春""挑战杯"等大学生创新创业大赛外，近年来积极参加各类比赛，如全国大学生基础医学创新论坛暨实验设计大赛、全国大学生电子商务"创新、创意及创业"挑战赛、吉林省大学生生物与医药创业计划大赛等，均取得了优异成绩。学校积极促进创新创业项目落地，创业项目"食用菌深加工"与平山县农牧局成功对接，计划共同开发木耳颗粒。学校重视实践基地的建设，不断加强与政府、企业及科研院所之间的合作，现有各类实习实训基地163家。在学生就业方面，积极争取建立实习就业基地。其中检验学院、药学院分别和相关公司建立了长期合作关系，成立了定向培养班等。学校近三年毕业生初次就业率保持在85%以上。

为了更深入地了解吉林医药学院，本节结合学校的实际情况，以学生为研究对象，进行了调查研究。

通过调研发现，在学校举办的创新创业比赛中，76.18%的人选择了未参加过，有 1.97% 的学生选择了未听说过。由此看出，大多数学生听说过创新创业相关的比赛，但是参与度并不高。

此外，学校创新创业实践教育情况也是研究的内容之一。实践基地和创业园是实践教育的重要载体。学校虽然设有校内、校外的实习基地，但是学生对它的了解甚少。有 42.72% 的学生不清楚，有 32.87% 的同学认为学校只有三个实践基地。有 73.23% 的同学没有到学校的创业实践基地参加过学习和实践。53.14% 的学生认为校外实习比创业课程更能培养学生的创业能力。

可以看出，学生对实践的需求远远超过了学校现有的实践基地开设情况。大多数学生认为，跟理论课相比，实践课程更容易被大家喜欢和接受，很多同学希望学校提供更多的实践场所、实践课程。

问到哪些方式能够帮助学生提高创业能力时，选择最多的还是课程上的知识教授，选择专业课和创业指导课的均占比 50% 左右，其次分别是参加活动竞赛、在实践基地学习、参加讲座和报告会等形式。

一、"一体三翼"创新创业教育模式的构建

根据学校的培养目标，将专业教育与创新创业教育融合，以培养有能力、有知识、有素质的全面人才为原则，结合学校的实际情况，制定了"一体三翼"的创新创业教育模式，即以课程体系建设为主体，将建设师资队伍作为第一"翼"，将营造文化氛围作为第二"翼"，将丰富实践教学作为第三"翼"的教育模式，锻造有扎实的专业基础、较强的实践能力的应用型人才。

"一体"指的是以创新创业课程体系建设为主体。首先，制订明确的教学目标，根据学校医学生的特点，并结合创新创业课程的特点，制订培养方案。其次，安排合理的课程结构，根据不同年级的不同知识储备，开设不同的课程。再次，充实课程的内容，根据学生特点，将课程内容分为不同的层次。最后，在课程的实施上，以二级学院为依托，由学院的工作领导小组负责教学和管理的实施。

"三翼"指的是建设师资队伍，营造文化氛围，丰富实践教学。通过三个方面的举措，为创新创业教育提供有力的保障，营造良好的学习环境，优化教育教学路径。

一是建设一支综合实力强、业务水平高的师资队伍。首先，采用专兼结合

的方式配备教师，根据教师特长分配工作。其次，完善学校的创新创业教师评聘标准，通过政策激励教师开展教学研究。再次，为教师提供外出学习的机会，不断提升教学水平。最后，通过人文关怀，提高教师的归属感和获得感。

二是营造校园人人参与创新、人人热爱创业的文化氛围。首先，整合校内资源，将学校创新创业类大赛统一交由学校团委主办。其次，通过学校团委加强对基层团委的引导，鼓励基层团委举办与创新创业相关的文化活动。再次，借助舆论的引导，使学生参与到创新创业中来。最后，通过邀请创业成功的校友、企业家来校讲座，鼓励学生尝试创业。

三是重视实践教学的作用，丰富教学方法。首先，将实践教学与理论教学相融合，提高学生的实操能力。其次，建设一批有实际效果的实践基地。最后，通过与社会企业的广泛合作，为学生争取实践资源。

二、"一体三翼"创新创业教育模式的实施

（一）以完善课程体系为主体，做好创新创业基础教育

完善的课程体系是教学顺利开展的基础，如同楼房的地基，只有基础牢固，方可谈上层建筑。美国是最早开设创新创业课程的国家，其课程建设已经具有了相当的规模。美国的全校性课程以授课对象为类别分为公共课程、专业课程、活动课程。英国的全校性课程以课程目标为类别分为"关于创业"课程、"为了创业"课程和"在创业"课程。笔者研究了美国和英国课程当中适合学校现有情况的全校性课程，同时结合学校医学专业的特色，重点从课程目标设定、课程结构安排、课程内容设置以及课程实施几方面，提出了课程体系建设的办法，以发挥"一体"的重要作用。

1. 依托学校教务处，制订明确的教学目标

把创新创业课程作为全校学生的通识课程，扩大课程的覆盖面，培养学生的创新创业意识。作为医学类院校，大多数人认为，学生毕业后都会到医院工作。但是随着人工智能时代的到来，更多的网络医生、网上门诊等医疗模式出现在人们的视野中。由此证明创新驱动着各行各业的发展，我们应该改变原有观念，把培养学生的创新创业能力作为学校教学的总体目标，在促进学生提高专业水平的同时，更广泛地拓宽就业渠道，把创新创业教育融入专业教学，根据专业和年级的不同，制订教学目标。

2. 依托学校教务处，安排合理的课程结构

课程结构应充分考虑学生的年级。从纵深考虑，课程结构应该从低年级到

高年级逐步提升难度，依据课程设置的原理，合理安排结构。创新创业基础课程主要面向大一和大二未接触过专业课的学生，通过启蒙教育，提高学生对创新创业的兴趣。专业课程一般面向大三及以上年级的学生，在基础学习的基础上，提高学生的专业能力。实践性强的课程重点面向有创业意向且具有一定能力的高年级学生，通过重点教学，真正培养出一批可以独立创业的学生。课程结构应充分考虑学生的专业。从横向考虑，全校学生由于专业不同，对创新创业的理解、态度也不同，如工科学生侧重于如何通过创新提高技术水平，医学生侧重于如何结合现代技术提高医疗水平，所以在课程结构的设置上，更应该根据专业特点设置课程。

3. 依托教务处，设置充实的课程内容

在课程内容方面，分析了美国和英国的经验后，结合学校的特点，我们将课程分为创新创业基础课程、创新创业专业课程和创新创业巅峰课程。创新创业基础课程主要是广谱式的教育，分为创业精神、创新创业基础知识、创新意识三个模块。通过研究发达国家的创新创业教育模式了解到，国外的企业家精神培养贯穿整个教育过程，是一种潜移默化的引导。所以我国在开设课程时也需要将创业精神的培养列为主要的内容。

第一，创新创业基础课程的重点内容应该涵盖创新创业的基础知识。根据学校现有的情况，除了开设大学生创新创业导论、职业生涯与就业指导等课程外，应该增设管理类、金融类课程，有效提高学生的理论水平。

第二，创新创业专业课程是面向不同专业学生的针对性教育。根据课程结构的设置，专业课程分别从纵深和横向两个方面安排了课程内容。根据学生年级，安排不同层次的专业课程。同时根据学校专业，开设专业创业案例研究、创新成果导论、创新实验项目等课程。

第三，创新创业巅峰课程重点培养学生用掌握的知识解决实际问题的能力，开设商业计划书的撰写、案例讨论研讨等课程。

4. 依托专业学院、各二级学院，推进课程的具体实施

美国康奈尔大学的"康奈尔创业计划"在实施过程中，把二级学院作为重要的教学力量。学校在开展创新创业教育时，也应该借鉴成功的经验，重点依托学校管理学院的相关教师和二级学院的师资力量，为学生上课提供保障。首先，以管理学院教师为主，以学校就业处、团委等部门的相关教师为补充，面向全校大一、大二学生开设必修课，加强基础知识的教学，同时培养学生的创业精神和创业意识。其次，通过建立学校层面的创新和创业教育领导小组，在

二级学院成立创新创业办公室，招聘相关的教师，通过开设与学院专业相关的课程，有针对性地对学生进行创新创业能力的培养。通过大规模的教育培养，学校在学生中挑选出创新创业能力卓越的学生进行单独培养，鼓励学生参加创新创业大赛、创业实习项目等活动，真正锻炼出一批创新创业能力强的学生。

（二）以建设师资队伍为第一"翼"，为创新创业教育提供有力保障

通过分析美国、英国和日本创新创业教育模式的成功经验可以得出，这些国家的师资队伍建设情况比较好，他们普遍采用了"专业教师＋兼职教师"的模式，专业教师都有着很高的教学、科研水平，兼职教师大多是来自社会各界的创业成功人士。同时，两个国家重视对教师的选拔和培养，制定了一系列的聘任标准和诸多的培训项目，有效地提高了教师的整体水平。完善的政策和制度可以促进学校创新创业教育的顺利发展，促进教师参与教学，鼓励学生参与活动。国外许多高校都有专门针对创新和创业的规章制度。例如，斯坦福大学除了针对学生的"Stopping Out"制度外，针对相关教师，允许他们申请为期两年的"企业家的节日"。这些教师可以离开学校两年加盟公司，可以创建企业也可以为现有公司提供技术支持。我国在制定人事政策上，应该落实好国家的《关于进一步做好新形势下就业创业工作的意见》，鼓励合格的高校和科研院所的专业人员从事创新创业相关的工作。鼓励符合条件的高素质人才"走出去"。结合吉林医药学院的具体情况，通过明确学校各部门的工作职责，完善"三翼"中师资队伍建设的工作内容。

1. 依托学校人事处，做好创新创业教师的选聘工作

在授课教师方面，通过公开招聘的形式招聘专业教师和兼职教师。在专业教师的聘用上，制定招聘的要求，重点明确教师应具有创新创业相关的专业背景，优先聘用创新创业研究方向的教师。通过此项措施，进一步改变学校专业教师匮乏的现象，尽量使为学生上课的教师均为有专业背景的老师，改变学校各行政部门教师、辅导员任课的现状。公开招聘的教师除了要有相关理论背景外，在就职后，由学校人事处组织岗前培训，提升创新创业教师的能力和水平，使上岗的教师能够胜任教学工作。聘用创新创业兼职教师。在公开招聘的基础上，通过聘任客座教授等形式聘请社会各界的创业成功人士。重点聘请吉林省、吉林市内较知名的创业成功人士，或者是在国家级、省级创新创业类大赛中获奖的团队或个人，通过他们的授课、讲座，激发学生对创新创业的热情；聘请吉林省大型企业的中层、高层管理人员，通过这些人员的授课，让学生了解企业内部管理的实际情况，提高学生的学习兴趣。在行政教师方面，配备相关行

政部门的管理人员，配合各部门完成工作任务等。成立创新创业教育专家小组或委员会，配备经验丰富的专家学者，为学校开展教育提供有效的指导。邀请省市教育厅、人社厅、劳动和社会保障厅、科技开发园等各界人士组建政策宣讲小组，为创业教育提供政策指导。

2. 依托学校人事处，制定创新创业教师教学激励政策

明确创新创业类教师的晋升途径。各高校要通过政策导向保障教师的专业技术职务晋升，使专业的创新创业教师积极开展教学与科研。同时通过制定相关制度，鼓励学校相关专业教师参与学生竞赛的指导、学生活动的策划等工作。在人事考核方面，增加创新创业工作方面的分值，有力地引导全校教师参与到教学中来。针对考核优异的教师应该从职务晋升、科研经费、外出培训方面给予一定的倾斜；鼓励教师积累企业工作经验；为创业教师保留职位、职级，鼓励创新创业教师到企业兼职、挂职，通过实际工作，提高学校教师处理实际问题的能力。

3. 依托学校督导与评价处，做好创新创业教师的培训工作

经常性地开展教师培训和交流，邀请吉林省高校中创新创业教育水平较高的教师来校举办讲座，以提升学校教师的整体教学水平。在培训后组织交流研讨，通过总结学习心得提高学校内部教师的自我学习能力。面向学校创新创业教师，系统性地开展提升教师能力和水平的培训项目。通过校内项目的实施，推选条件优秀、综合素质良好的教师参加各种师资培训。同时提供外出进修学习的机会，开阔学校教师的视野，充分发挥教师特长，明确责任分工，根据教师教学水平、科研能力、实践经验情况，给予不同的工作分工。

4. 依托学校其他部门，做好创新创业教师的保障工作

通过学校工会等部门，及时反馈创新创业教师的诉求，增强教师的获得感和归属感，营造和谐的工作氛围，为学校开展教学做保障。通过学校就业处等部门，加强与企业和政府的联络，为创新创业教师提供实践场所，提高教师的实践水平；加强对创新创业教育的投入，针对创新创业工作划拨专门的经费，支持教师和学生开展相关项目，定期组织教师进修，开展相关培训。

（三）以营造文化氛围为第二"翼"，创造良好的教育环境

高校双创文化是指高校教师在双创教育和实践中所形成的关于双创内容的思想和理念的总和。良好的创新创业文化氛围能够起到潜移默化的作用。通过分析发现，美、英、日三国都十分重视文化建设。英国高校在营造文化时更能

够开辟多方途径，全方位地营造氛围，对于我国开展教育提供了思路借鉴。

1.依托学校团委和各基层团委，营造人人参与的创新创业氛围

根据共青团组织的特点，在青年学生中开展相关工作。依托院系建立创新创业学习园地、学习小组，将创新创业融入学生寝室、融入青年学生的生活。学校团委除了继续举办常规的"创青春""挑战杯"等大学生创新创业大赛外，积极与学校相关部门沟通，整合校内创新创业相关大赛，通过整合同类赛事节约教师的时间成本。同时举办"互联网＋"等一系列创新创业大赛，通过比赛增强学生的实践能力，提高学生的创业热情。学生社团是培养学生兴趣爱好的主要场所，通过成立创新创业类社团，提高学生课后对创新创业的关注程度；加强第二课堂对第一课堂的补充作用，引导学生将创新创业作为兴趣爱好。

2.依托学校团委和党委宣传部，牢牢把握正确的舆论导向

在创业教育过程中大力宣传先进模式，充分利用各种媒体加强对热点问题的报道，提高学生的关注度。加强对创新创业典型人物的宣传，通过评选创新创业先进人物，发挥榜样作用，加强舆论引导。同时，学校相关部门应该充分利用宣传渠道，展示创新创业人才，建立企业家成就榜，展示优秀校友的成功创业经历，建设网络平台，进一步拓宽宣传渠道。

3.依托学校团委和就业处，邀请优秀的校友来校举办讲座

对于大学生来说，这些人群比其他成功的企业家更具激励作用。同时，就业处应该积极联系省市相关部门的工作人员，为学生开展政策宣讲、知识普及讲座等。

（四）以丰富实践教学为第三"翼"，为创新创业教育提供优化路径

实践教学是创新创业教育中的重要组成部分，充分的实践锻炼能提高学生的实际创业能力。日本作为亚洲国家，在地理环境和人文环境方面与我们国家存在相似之处，他们的"产—学—研"合作模式在创新创业教育上得到了良好的运用。学校应结合自身情况，重点依托就业处，加强与社会和企业的联络，为学生争取更多的社会资源，提供更多的锻炼机会。

第一，加强与教务处的联系，把实践教学作为理论教学的补充，将理论和实践深度融合，进一步全面提升学生的能力水平。

第二，通过学校就业处与企业联系，建设"高校—企业"合作平台，使更多的企业愿意为学生提供创业实习的机会。

第三，在校内、校外建设大学生创新创业活动中心，同时鼓励学生创业团

队入驻，邀请企业为学生进行创业指导，并大力宣传创新创业活动中心，使更多的学生参与到创新创业活动中来。

第四，借鉴美国、英国和日本的经验，积极拓展融资渠道，积极争取政府、企业和知名校友等支持学生活动。

三、"一体三翼"创新创业教育模式实施的保障措施

（一）强化顶层设计

建立创新创业教育领导委员会。该委员会由党政领导、相关职能部门和教学单位负责人组成。校领导担任组长，分管校领导担任副组长，教务处、督导、团委、就业处、工会等职能部门和各教学单位领导担任组员。具体工作包括创新创业课程设计、教师团队建设、实践教学机制建设，以及学生创新创业相关活动的举办。

建立二级学院创新创业教育领导小组。根据创新创业教育领导委员会的安排，完成日常任务，组织本学院学生参加全校的理论学习、实践练习、创新创业比赛等。同时，结合本专业的特点，制订培养计划，安排理论学习，组织实践教学，并设计比赛。

（二）完善政策制度

制定相关政策，优化资源的配置。制定关于创新创业教育模式运行的相关文件，加强学校对于该项工作的统筹管理，通过文件对各部门工作进行分工，明确相关单位的工作职责。制定针对教师的相关政策，鼓励教师参与创新创业教学和指导。制定针对学生的相关政策，通过奖学金、增加学分等政策，鼓励学生参加创新创业。

（三）加大经费投入

设立专项基金保障创新创业模式的实施，以学校拨款的方式，鼓励学生开展创新创业实践，设立奖励基金，给予优秀项目一定的奖励。扶持优秀项目，积极促进项目的落地，广泛吸引社会成熟企业进行风投。划拨经费建立学校创新创业实践基地，完善基础设施建设，并引入先进的设备。划拨专项经费用于教师的培训和学习，提高教师的整体水平。

（四）深化校社合作

促进学校与社会各界的交流合作，建立实习见习基地，为学生创业提供学习机会。加强校社交流，通过引入和输出两方面，为企业输出优秀的毕业生，

为企业提供智力支持，为学校引入有管理经验的人才，以对学生的创新创业实践进行指导。

（五）加强监督管理

加强对模式实施过程的监督管理。制定完善的课程评价体系，对于课程效果进行评估，保证教学质量。严格执行教师、学生在创新创业方面的政策制度，有效发挥政策的激励作用。面向相关部门和二级学院开展工作督导，形成长效的工作模式，同时，由相关部门负责人定期开展工作自评，及时发现模式运行中的不足，并及时改进完善。

第七章　大学生创新创业教育改革创新

大学生创新创业教育并不是让所有的受教育者都成为创业者，而是重在培养大学生的事业心与开拓能力，即企业家素养，使学生成为真正的创新创业人才。

第一节　建设创新教育平台

围绕着新工科视域下的大学生创新创业素质模型，提出了"双教育平台＋多引擎驱动＋双创成果融合孵化"的创新创业能力培养模式。

双教育平台主要指创新教育平台和创业教育平台。在创新教育方面，引入创新科技竞赛驱动（主要包括中国"互联网＋"大学生创新创业大赛、国际大学生 iCAN 创新创业大赛、全国大学生物联网设计竞赛、全国大学生系列科技学术竞赛等）、创新创业项目驱动和教育部协同育人项目驱动等；在创业教育方面，引入创业实践、创业讲堂、创业沙龙和创业教育等多引擎驱动；将创新教育成果与创业教育成果融合后进行创新创业孵化，通过反馈机制提炼出最优化的"双教育平台＋多引擎驱动＋双创成果融合孵化"的创新创业能力培养模式。

一、创新科技竞赛驱动

为促进大学生科技竞赛活动的蓬勃发展，营造高校科技创新文化氛围，高校应鼓励学生参加创新科技竞赛。培养大学生的创新能力和动手实践能力，是我国高等教育的主要任务之一，是人才培养工作的重要内容。通过"以赛代练"，如指导学生参加国际大学生 iCAN 创新创业大赛、"创青春""挑战杯"等一系列大学生创新创业竞赛，驱动创新教育平台运转，激发学生的创新意识，增强团队成员之间的合作精神，促进教学学风建设，引导高校重视新工科视域下学生创新思维和科研能力的培养。

（一）创新科技竞赛的运行流程

1.赛前宣传

以通信电子创新基地为例，新学期伊始，基地比赛负责人会将今年需要参加的比赛做成计划表，以微信推送形式分享至官方群，让学生大致了解今年的比赛赛程。学生也可以选择登录由基地自主研发的"共享竞赛"平台，只需输入学科专业，就能获得适合自己的比赛信息。让学生合理安排时间，有侧重地参加自身感兴趣的比赛项目，这有利于提高其学习的主动性和积极性，以更加饱满的热情投入比赛。

2.赛中严抓

任何事情的完成都不是一蹴而就的，机会永远是留给有准备的人的。比赛负责人需要将每个项目的具体任务落实到个人，避免出现闲忙差别过大的情况。比赛一旦做出选择，参赛队员就需要全身心投入其中。一个项目的完成，从初赛到决赛需要付出 1800 小时，没有辛苦的付出，就不会有所收获，选择没有错和对，贵在坚持。在比赛过程中，基地实行"传、帮、带"式的"一对一"或"一对多"的帮扶机制，有利于提高学生的综合素质。

3.赛后总结

"学而不思则罔"，如果仅仅只是完成比赛，不去思考与总结，是远远不够的。比赛结束后，参赛队员都需要做总结报告，分享参赛经验及所见所闻。内容分享结束后，对有相关人员进行微信推送，对分享内容进行"云端存储"。

（二）创新科技竞赛对培养学生创新实践能力的作用

1.培养学生的创新意识和实践能力

实践是检验真理的唯一标准，对于知识的学习永远不能只停留在理论层次，不真正去做，永远不会发现自身的问题所在。当代大学生不愿动手的症结正是因为想得过多，而没有真正认真思考如何将想法投入实践。缺乏实践，对于知识的理解只能掌握皮毛，无法掌握其精髓。参加创新科技竞赛作为创新实践的一种途径，有助于培养学生的创新意识和实践能力。

2.增强学生的团队意识

参赛作品从设想到完成都离不开团队之间的协作，就像机器运转离不开任何一个零件的协调帮助一样。个人能力是有限的，唯有团队所有成员齐心协力、各展所长，才能将项目做好。人在一起叫聚会，心在一起叫团队。团队之间的沟通尤为重要,每个成员在比赛中要相互了解,相互学习,不断发现与解决问题,这有助于增强学生的团队意识。

3. 激发学生的学习兴趣,促进专业课程的学习

在竞赛驱动的实践体系中,一些参赛项目的设计灵感来源于生活,它可能是解决生活中一些问题的"金点子",能够在一定程度上激发学生的学习兴趣。比赛的过程是学生由发现问题到解决问题的过程,遇见问题时刻苦研,不断在书本中找寻答案,有助于促进学生对专业知识的学习。

4. 增强学生的综合素质,提高学校口碑

相关统计数据表明,学生经过竞赛洗礼,综合素质都有所提高。比赛过程中,学生的创新设计思维,如独创性、联想性、求异性和灵活性能得到充分锻炼。学生以学校的名义参加省、市等范围内的比赛获取荣誉,有利于加强外界对学校的认可,提升学校声誉。

5. 竞赛获奖,有利于提升研究生推免质量

学生富有创意的想法转换为实际产品输出,并在无数竞争者中脱颖而出,对其日后的就业创业和求学将有所益处。学生若具备做项目的能力,可以将项目转化成创业实践。企业注重学生的创新能力,对此类学生青睐有加。项目中包含了大量的科研成分,因此选拔研究生时一般会更倾向于录取带有科研成果的学生。

6. 在竞赛过程中,增强学生之间的交流

从相遇、相知到相熟,每个人对于作品的设计有着不同的想法,在求同存异的基础上,应鼓励队员积极发表看法。不同想法之间的交流与沟通能够创造出新的思路,通过研讨探究,形成合理方案。学会交流是打造团队的关键所在,交流需要大胆大声,唯有经常"叫"的团队才会更有激情,更能战斗。

二、创新创业训练项目驱动

随着我国经济的不断发展,创新型人才的需求也不断扩大,因此部分地方高校对创新创业教育愈发重视,希望通过创业带动就业,减缓社会就业压力。创新创业教育不能止于单纯的基础知识学习,需要将理论知识付诸实践,通过创新科技竞赛激发学生的创新性思维,接着以创新创业训练项目为驱动培养、锻炼大学生的创新创业管理能力。在项目的驱动下,调动学生的积极性,让其完成从"要我学"到"我要学"再到"我爱学"的转换。

（一）项目沟通管理

根据项目沟通的目标确定项目沟通的各项任务；根据项目沟通的时间和频率要求安排项目沟通的任务，进一步确定项目沟通的资源需求和预算。项目的沟通需求是项目干系人信息需求的总和，通常可以通过综合所需的信息内容、形式和类型以及信息价值的分析来确定项目的交流内容。沟通就是人们分享信息、思想和情感的过程。

（二）项目风险管理

创新创业项目与其他经济活动一样带有风险。要避免和减少损失，将威胁化为机会，项目主体就必须了解和掌握项目风险的来源、性质和发生规律，进而施行有效的管理。风险的含义可以从多种角度来考察。第一，风险同人们有目的的活动有关，人们从事活动，总是会预测一定的结果，如果对于预测的结果没有十分的把握，人们就会认为这项活动有风险。第二，风险同将来的活动和时间有关。对于将来的活动、时间或项目，总是有多种行动方案可选择，但没有哪一个行动方案可确保达到预期的结果，因此风险同行动方案的选择有关。第三，如果活动或项目结果不理想，甚至失败，人们总希望通过改变以往的行为方式或路线，把以后的活动或项目做好；当客观环境，或者人们的思想、方针或行动路线发生变化时，活动或项目的结果也会发生变化。因此，风险还与这些变化有关。当事件活动或项目有损失或收益与之相联系，涉及某种不确定性或某种选择时，才称为有风险。

（三）培养方案

以学生的主动性学习为基础，以项目为主线，以完成任务为驱动，指导学生参与到全国各项创新创业设计大赛的具体项目中。充分利用各种先进的教学手段和方法，将项目表格具体化，将责任分配给个人；为学生提供由表及里、循序渐进的学习途径，充分调动学生学习的积极性，让学生在完成任务的同时掌握最新的、实用的专业知识，让学生将项目与过往的课程设计、生产实习或毕业设计等环节相联系；使学生能够理论联系实际，激发其学习兴趣，提高动手实践能力。

任何一个项目的完成，都需要以学生为主体，让学生通过实际动手操作来解决实际遇到的工程问题。学生参加各项竞赛，不仅仅有助于对工科类专业知识的学习，同时能够提高学生的文字书写能力，加强其文字功底。

三、协同育人项目驱动

创新科技竞赛驱动与创新创业训练项目驱动主要是对学生创新创业相关素质的培养，两者都停留在软性条件范畴。而对于硬性条件需求，如优质的教学设施资源，也是不容忽视的。因此，在政府部门的倡导下，高校应积极加强与企业的产学研合作，实现资源共享，从而提高高校的办学质量。高校拥有完善的科研团队，优质的科研人才；企业掌握着大量资金，先进的科研设备，两者之间可以实现优势互补。高校以培养应用型人才为目标；企业注重提高从业人员的素质，以减轻企业的改革创新成本，增强发展潜力。

（一）基于创新创业教育项目的协同育人模式

基于创新创业教育项目的协同育人模式，高校与企业合作联合成立创新创业教育项目组，通过大学生创新创业教育项目进行合作，提升高校的创新创业教育水平，推进科研成果的孵化。通过创新创业教育与专业教学相结合，充分发挥科学研究的育人功能，提升学校整体的创新创业教育能力。

（二）基于联合实验室建设的育人模式

基于联合实验室建设的育人模式，高校和企业共同搭建实习实践基地、实践教学场所。教学设备和师资力量由校方和企业共同提供，在一定程度上实现互补互助，达到教学资源利用率最大化，提高育人成效。合作的企业多为地域内优质企业，优质企业不仅具备充足的见习实训类资源，还能提供有丰富项目开发经验的技术人员，他们能对学生进行项目指导。

（三）基于教学形式的协同育人模式

基于教学模式的协同育人模式，高校和合作单位以培养市场需求量大于实际输出量的工程技术型人才为目的，就教学内容等环节进行深度合作。教学内容涉及教学内容的改革、人才培养模式的确立，或者毕业设计的选题等。本育人模式旨在协助教学体系的改革，使其适合大学生创新创业能力的培养。

（四）基于新工科的协同育人模式

基于新工科的协同育人模式，高校与企业共同培养产业人才。尤其是在新经济、新技术、新产业和专业建设等方面，在某种程度上需要学校根据产业发展方向对人才的需求，及时更新已有的课程体系和教学内容，以国际工程教育的认证标准为立足点，高规格、高质量、高标准培养新工科视域下的创新型人才。

第二节 建设创业教育平台

一、创业教育

创业教育是联合国教科文组织在研讨面向 21 世纪的国际教育发展趋势时提出的一个全新的教育理论，主要是通过改革教学内容和方法，在进行创业理论指导时，结合创业实践培训，对学生的创业意识、创业思维和创业技能进行优化提高，从而培养出具有一定创业能力的学生。在高校，一般通过开设创业教育课程，对学生进行创业培训。以华东交通大学为例，华东交通大学创业教育课程分为线上、线下两部分，线下学习主要为创业导师讲授与创业相关的一些硬性需求，如创业的起初条件、创业者应具备的品质等；线上主要为网络课程，课程主要由华东交通大学创新创业教育教研室的教师合作研制，并在智慧树教育平台上线。

（一）培养目标

创业教育是推进素质教育的重要突破口与核心，在某种程度上可以改变"填鸭式"的应试教育，是促使其向素质教育转轨的重要举措。创业教育是以素质教育为模板，创新出的一种高层次教育方式。学生是创业教育面向的主体，应注重以人为本，因材施教。第一，创业教育的出发点是个人，充分尊重学生身心发展的客观规律和特点。对于学生不同的个性特点，给予不同的创业启发。第二，创业教育要塑造学生积极进取的人生信念和人生态度、求新求异的思想品质和学习理念、不畏艰难的勇气和意志，以及与人合作的共识原则。第三，创业教育要为学生的全面发展提供条件，培育出健全的人格。正如马斯洛所言："创造性首先强调的是人格而不是成就。"唯有人格健全，才能在社会中稳定发展。

（二）开展创业教育的意义

随着大学教育的普及，大学生就业形势日趋严峻，"毕业即失业"成为一句流行语。开展创业教育在一定程度上可以缓解就业压力，让大学生的职业发展道路由就业的"单行道"转向丰富多彩的创业"多行道"。以创业带动就业可以有效地提高大学生的就业率，同时提供新的就业岗位，提高社会人士的就业率。

创业教育有利于大学生实现自我价值。在就业岗位中，某些职业限制了学生的发展，学生的个性遭到压制。开展创业教育，有助于激发学生的创业欲望、培养其创业素质。学生在创业过程中能够锻炼自身的能力，强化竞争能力和生存能力，有利于寻找到合适的就业岗位。

创业教育好比种下了一颗种子，在无数次人生旅途的漂泊中，不断选择适合自己发展的"地"，一次一次地迭代，直到找到自己心中的答案，在那里生根、发芽、开花、结果。

二、创业讲堂

（一）基本介绍

创业讲堂作为通信电子创新基地的创新点，基于 TBL-CDIO 创新创业人才培养模式进行创新，旨在提升基地成员的创新创业能力。讲堂分享内容可以是一部电影，或者是关于创业的经历和感悟，一般会将时间控制在 30 分钟内。在分享结束后，听者可以自由提问，解决倾听过程中存在的困惑，寻求困扰其问题的答案。

（二）讲堂实例

2017 年 5 月 5 日，南昌林游科技有限公司总经理谭邵红（在校创业学生）在基地的创业讲堂中，分享了其创业历程与感悟，主要从个人和团队两个方面进行讲述。

1. 个人

①做好自己。世界上存在一个对等价值的问题，"有愿意'整合'你的人说明你有价值，你能'整合'别人说明你有能力"。我们要做好自己，要有自己的价值，只有这样，才有选择自己未来的权利。

②珍惜眼前。珍惜眼前不是说满足于现在，而是说珍惜已有的，在已有的基础上追求更高的。就以朋友为例，要珍惜过去已有的真心朋友，不要因为小事、小矛盾而放弃一个朋友。

③要有时间观念。时间的正确安排，有利于高效地完成每天的工作。时间是财产，可被合理利用，也可能会毫不留意地被浪费掉。能充分有效地利用时间的人，才能真正懂得时间的价值，一些人是生不爱时而非生不逢时。记住过去，把握现在，放眼未来。

2. 团队

①招募团队成员。在招募团队成员时，首先询问的便是他或她待在这个团队里想获得什么，在这个团队中追求的是什么。只有那些心中有方向、有目标

的人，才能在团队中沉下身心，做好自己的工作。

②团队成员的选择。对于团队成员的选择，应该要考虑职务需求。需要技术职务方面的人才的时候，如果身边志同道合的朋友中没有合适的，必须通过猎头方式去寻找"有缘"人。

③团队成员应该具有企图心。在团队中，每个成员都应该具有企图心，对于工作的完成，不能仅仅追求简单的成功，而是应该追求卓越的完成度。只有这样才能在每次任务中获得更大的进步，自私、自利的心态是绝对不被允许的，"人在一起叫聚会，心在一起叫团队"。任何团队成员基本利益的保障，都来源于团队的正常运营，每个人思考问题的时候，都应该将团队利益放在第一位。

三、创业沙龙

随着中国经济的发展，全国高校的扩招，大学生就业形势日趋严峻，竞争压力日益增大，如何通过"创业"拉动"就业"是目前高校需要解决的首要问题。以华东交通大学为例，华东交通大学依托本校科技实力，举办创业沙龙，以主题沙龙的形式，培养学生的创新意识，点燃其创业激情。

（一）沙龙流程

1. 前期策划

①收集一些知名典型企业家的创业形式资料，沙龙组织人员提前打印，分发给在场的活动成员。

②主持人要提前做好准备，要把握各个环节的关键，如时间、嘉宾等。主持人有足够强的控场能力，能够随时调动现场的氛围。开场前需要了解参与本次活动的创业导师的个人资料，开场前做好相关介绍。

③孵化园科创部同学须及时通知参与活动的创业导师，告知时间，并询问其相关需求，是否需要用投影仪进行 PPT 讲解等。

④在孵化园的官方微信公众号进行微信推送，为本次的沙龙活动做预告，通知那些对创业有想法的学生及时参与。

2. 活动内容

①主持人开场白，接着介绍到来的创业指导老师。

②邀请创业指导老师分享自身创业经验，对前期准备的案例进行点评。

③参会嘉宾对刚才的点评进行提问，提出自身看法，老师进行解答。

④最后是互动环节，与头脑风暴法有点类似，所有人分享自己创业的"金

点子"，邀请其他人进行讨论，在讨论中总结出自身想法的不足。沙龙结束前，创业指导老师评选出"最佳创意奖""最佳实现奖"等一系列奖项。

（二）活动意义

不同思想进行交汇，能够更加全面具体地看到问题的本质所在，从而达到完善创业想法的目的。百家争鸣是必要的，没有争论和思想碰撞，就不可能产生真理。学生与创业指导老师的互动交流，能够使其对创新创业的形式有更加深入的了解。在老师的指导下，"创业者"会对自己未来的创业方向愈发明确，能够了解到适合自身的创业形式，并增强创业自信，避免日后创业走弯路，从而提高创业效率。

四、创业实践

要保证创业教育的顺利进行，创业实践必不可少。实践是检验真理的唯一标准，不能仅仅依靠理论知识的学习，需要将理论知识的学习与实践活动的展开紧密结合起来。创业教育平台是为大学生的创业实践提供的良好辅助平台。纵观美国创业教育的发展，不难发现，其对于实践活动非常重视，理论知识与实践相结合，所能获取的东西不仅仅是理论层面的，实践活动的展开有利于学生更加直观地了解创业的真正含义。对美国国家独立企业联盟进行研究发现，美国2/3的企业家都来自家族自身就拥有企业的家庭。拥有家庭企业背景的学生对企业运作有更为直观的了解，并能引发学生对创业的强烈追求。美国的创业教育导师坚持把与外部企业保持密切联系当作大事，让学生有机会深入企业内部去观察企业运营的过程，从而获取经验。在一定程度上，这有利于学生将自身关于企业运作的理念植入企业进行实地操作，从而直观了解创新创业观念的可行性与可操作性。

（一）实施要素

1. 关于创业实践的学生要素

绝大多数参与实践活动的学生处于创业意识活跃期，有满足创业内在需求想法的学生具有一定的知识架构、实践技能和心理素质。对于大学生创业而言，应具有足够的创业意愿，这是唯一能够支撑其走完整个创业之路的依靠。学生参加创业实践的深度和广度与其职业价值观息息相关，需要注重活动的应用性、开放性与系统性，开展更深层次、更深程度的实践活动。同时，参加过创业实践，且具有一定专业背景与专业优势的学生，毕业后真正将创业想法付诸实践的可能性高于其他学生团体。对于这部分学生群体，高校应提供帮助，大力支持其创业之路。

2. 关于创业实践的教师要素

教师如何指导学生的创业实践活动？教师要明确自身在实践活动中的地位与功能，明确所承担的创业实践教育的范围与职责，需要充分发挥自身优势开展有目的性的实践教育活动，并提供相应的创业指导。教师要因材施教，对于不同的学生，要根据其本身具有的特点，帮助学生选择符合其自身的创业实践教育形式，助力学生高效快速地发展。再者，教师不仅仅需要具有良好的创业实践理论基础，还需要有丰富的实践经验。否则，教学无异于赵括论战、纸上谈兵。同时，高校也可邀请具有实践经验的创业人士成为客座讲师，定期为学生分享经验。

3. 关于创业实践的环境要素

社会的舆论氛围、学校的教育氛围、家庭之中的成长氛围，共同影响着大学生创业教育活动的展开。从社会环境角度分析，社会稳定、经济发展和文化繁荣有益于大学生创业实践教育的有序进行；从政府角度分析，各级政府出台关于创新创业教育的政策，鼓励并倡导"万众创新、大众创业"；从教育环境角度分析，高等院校开展大学生创业实践活动，高校应充分发挥自身优势，以"创青春"和"挑战杯"大学生创新创业大赛为载体，向更深层面延伸，营造出以创业实践为主要导向的创新创业教育文化氛围；从家庭角度分析，父母对创业所持的价值观，将直接影响学生创业实践的有序进行，父母的鼓励与包容会极大增强学生的自信心与主动性，反之会抑制学生的创业意识。

（二）实施方案

借鉴美国大学创业实践教育的经验与方式，结合中国自身的特点与优势，创新出一系列适合当代中国大学生的创业实践活动。举办经常性的创业实践活动，鼓励学生和老师共同参与，有利于形成开展创业实践教育的新模式。

第一，定期邀请创业教育课程案例中的主人公进行授课，面对面为学生提供更加真实生动的案例分析，这有利于学生对信息的全面掌握。

第二，鼓励入驻孵化园的学生去外部企业寻求支持和合作，以便在创业之路上获得更好的发展。要以理论教育为基础，同时结合实践活动，这样开展创业实践活动，既不会纸上谈兵，也不至于在实践之路上毫无方向。

第三，学校和企业为学生的创业实践提供一定的投资保障，定期开股东大会，对于大学生创业过程中的财务问题进行良好的监管与引导。

第三节 创新创业人才培养模式的师资队伍优化

教师是创新创业教育的引导者和参与者，是创新创业能力培养高效开展的重要基础和保证。创新创业能力培养需要具备双师型的创新创业导师队伍对学生进行个性化设计和项目化引导。如何优化师资队伍是培养新工科人才创新创业能力的关键。因此，必须通过各种途径加强双师型创新创业导师的培养，建设一支既有理论基础又有实践经验、专兼职结合、课内外融合的创新创业导师队伍。

一、加强双导师队伍建设

双导师通常指两种类型的导师，即在校内的专职创新创业教育导师和兼职的创新创业导师。两者之间相互配合，相互合作，优势互补，致力于高校的创新创业教育工作。在校内选聘一批专业水平高的核心骨干教师，对其进行专题培训，鼓励其到企业挂职锻炼，有利于提升创新创业导师的创新创业能力。通过加强与企业家的合作，充分吸收与整合社会创业资源，聘请创业成功人士、企业家等不定期地到学校进行演讲、开办讲座，有利于促进创新创业型师资队伍的多元化。通过积极聘请社会知名的风险投资家、高级管理人才、杰出校友等来校担任创新创业导师，指导学生的创业实践工作，能够弥补创新创业教育师资力量的不足。加强双导师队伍建设，应该定位清晰、目标明确，充分利用好专职、兼职教师队伍的建设，服务好高校的创新创业教育。

（一）强化专职队伍建设

新工科视域下的创新创业教育是一个集理工学、经济学、管理学、社会学、教育学、心理学等学科为一体的复合型创新创业教育体系，要求教师不仅具备理工类、经管类以及人文类在内的创新创业知识，还要具备专业素质与实践能力。因此，做好创新创业教育，必须建设一支理论素质过硬、实践能力较强的专职创新创业教育队伍。专职教师队伍理论知识丰富，学识渊博，科研能力强，可以凭借自身教学经验进行创新创业并从事与创新创业教育相关的学术研究，能够探索出适合自身高校的创新创业教育的人才培养模式。专职创业导师主要是向大学生传授书本上的创业知识，注重于教学，实践能力有些欠缺，对学生进行教材式理论灌输教学，从而导致学生的课堂效率低下，难以激发学生的创业兴趣和创业欲望。因此，要以"走出去"为手段优化专职创业导师的培养方式，鼓励专职教师走出大学，主动地投身企业，到企业挂职锻炼。高校在鼓励教师"走出去"的同时，相应地给予教师一些物质上或精神上的奖励。物质上主要可以表现为发放奖金、津贴，精神上则可以表现为颁发优秀教育者称号或评选先进创新创业教育者等。

（二）组建外聘专家团队

聘请创业成功人士、企业家等担任学校兼职教授，是完善创新创业人才培养模式、优化师资队伍的重大举措。这些兼职教师长期在社会上打拼，所见所闻自然不同于在校专门从事理论和书本教学的专职教师，课堂教学形式一般都较为生动，丰富多彩，学生对创新创业教育课程的兴趣因此得到加强。因此，要"引进来"一批经验丰富、了解企业运作和市场规则的兼职教师，从事高校的创新创业教育工作，弥补教育资源的欠缺与不足。一般来讲，兼职创业导师可以分为两类，即技能引导类导师与典型示范类导师。前者主要是通过结合社会企业家及成功人士的工作实际与创业情况，向高校创业大学生提供充分的创业技术、创业知识、创业服务等方面的咨询。后者主要是通过自身创业经历与社会经验及所在企业的良好发展实情为学生提供信念上的指导和精神上的支撑，激励大学生大胆创业、自主创业。

（三）建立网络导师授课模式

通过慕课（MOOC）、网上学习等方式，有效利用网络教师资源。慕课与传统课程不同，传统课程只有几十个或几百个学生，一门 MOOC 课程动辄上万人，最多达 16 万人。运用慕课的学习方式，不仅有利于全球最优质的教师资源共享，还有利于弥补部分高校教师资源的不足。例如，高校创新创业学院、大学生创新创业实践基地等可以通过开设北京大学张海霞教授的共享课程《创新工程实践》，让学生可以与北大教授、全国其他兄弟高校学生一起"面对面"聊创意，"心对心"谈创新。高校要通过建立网络授课模式进一步丰富双导师队伍建设。

二、打造创新创业师资队伍的社会化平台

打造创新创业师资队伍的社会化平台是优化创新创业人才培养模式的师资队伍的重要举措。创新创业教育本身就是创新性的、开放式的、具有时代性特征的动态式教育。社会经济形态一直处于不断变化的微妙运动之中，创业导师培养的创新型人才、创业型主力军需要有面向社会的能力与水平，并且能适应

不断调整着的、变化着的社会经济。因此，创新创业教师队伍的建设应该加强与企业的合作（校企合作）、与政府的合作（校政合作）、与高校的合作（校校合作）、与研究所的合作（校所合作），从而打造一个培养创新创业师资队伍的社会化平台。加强与企业之间的合作，鼓励创业教师到企业挂职锻炼、考察实训，实地了解企业的运作流程，提升教师对学生在创业项目中技术理论、运营管理等方面的指导能力。鼓励有条件有经历的教师自主创业，有利于教师在今后的教学实践中生动形象、活泼真实地为学生讲解创新创业课程。加强与当地政府的合作，充分利用政府资源，在创业政策宣传、创业政策指导、创业师资培训等方面得到政府的大力支持。加强与兄弟院校之间的合作，有利于加强创业导师在创业教育的理论研究与课程开发等方面的能力，有利于完善教师的创新创业知识体系，改变教师的思维方式，有利于提升教师的创业指导能力，改进创业教师的授课模式。加强与研究所的合作，有利于创业教师与研究所科研人员的深度交流。

三、完善创新创业教师管理制度

创业导师自身工作的积极性影响着创新创业教育的质量，完善创新创业教师管理制度，必然会大大推动创业教育的发展。首先，需要建立创业教师工作考核制度，创新创业教师与普通教师在工作上既有相同之处，也有不同之处。普通教师一般是备课、讲课、批改作业、监考与阅卷等，课余时间需要进行科研研究，搞项目、拿课题、撰写论文与研究报告等。创业导师在创新创业教育中也需要备课、讲课、批阅卷等，空余时间也需要做评职称所需要的科研。除此之外，他们还需要带领学生进行创业实践，指导学生的创业项目以及引领学生参与各种各样的创新创业类大赛。鉴于创新创业导师的工作与一般教师的工作有所差异，应尽快完善创新创业导师的管理与考核制度，需要科学合理、公开公正地为创业导师制定相关的考核办法。部分自己在外面开公司、办企业或者是处于单位管理高层的兼职创业导师，往往自身除了教学之外，没有更多的空余时间进行创业研究，应该制定相关管理办法，鼓励教师投身于专业的创新创业实践中。

第四节　搭建创新创业实践基地

创新创业实践基地依托学校的创新基地管理中心，致力于搭建多元化的创新创业基地。创新创业实践基地主要由通信电子创新基地、计算机创新实践基地、嵌入式创新实践基地、智能机器人创新实践基地和物联网创新实践基地组成。创新基地管理中心依据工程教育专业认证标准，在现有大学生创新创业实践基地的基础上，紧紧围绕着新工科建设路线，不断进行资源整合与双教育平台互联，进一步完善基地管理制度，致力于构建一个新工科视域下的通信电子类专业创新创业基地。

通信电子创新基地（以下简称"基地"）在通信电子类专业创新创业实践基地中最具典型性与示范性，在近10年的发展中，基地形成了独特的基地文化。基地秉承"育学、育人、育才"的理念，构建了基于全开放的基地文化，建立了循序渐进的创新创业能力培养模式。下文以通信电子创新基地为例，介绍基地在创新创业实践中的行为规范与做法、管理文化等。

一、头脑风暴法

（一）基本介绍

头脑风暴法是由美国创造学家 A. F. 奥斯本于1939年首次提出、1953年正式发表的一种激发性思维的方法。A. F. 奥斯本借用这个概念来比喻思维高度活跃，打破常规的思维方式产生大量创造性设想的状况。后来英国英特尔未来教育机构培训把它作为一种教学法提出来，试图通过聚集成员自发提出的观点，产生一个新观点，进而使成员之间能够互相帮助，进行合作式学习。现在我们所说的头脑风暴法，是指将不同专业与背景的人集中在一起，将所有人的设想与构思聚集在一起，互相撞击，在思想的碰撞中，新的想法也会随之产生。这是一种集思广益的方法，它能使每个参与者在决策过程中，都能将自己真正的想法，用语言或者文字的方式表达出来。

在群体决策中，群体成员由于心理作用的影响，易屈服于权威或大多数人意见，形成所谓的群体思维。群体思维在一定意义上会削弱群体的批判精神和创造力，损害决策的质量。所以为了保证群体决策的创造性，提高决策质量，管理上发展了一系列改善群体决策的方法，头脑风暴法是较为典型的一个。

头脑风暴法可分为直接头脑风暴法（通常简称为头脑风暴法）和质疑头脑风暴法（也称反头脑风暴法）。前者是在群体决策中尽可能激发出创造性，产生尽可能多的设想；后者则是对前者提出的设想、方案逐一质疑，分析其现实可行性。采用头脑风暴法组织群体决策时，主持者以明确的方式向所有参与者说明问题，说明会议的规则，尽力创造融洽轻松的会议气氛。

（二）组织要求

①各位参与者在会前必须进行准备，做足功课。开会期间，不要纠结滞留在某一点的讨论上，开会的目的本就是集思广益，不要誓死捍卫自己的观点，在交流的过程中，不同观点的产生是在所难免的。

②参与者发言时，其他成员不得发表任何评论性意见，以免打断发言者的思路。参与者的畅所欲言有利于营造轻松的问答氛围，鼓励其自由设想。

③对于其他参与者，听到言论后要积极发挥联想，由此可以迸发出新的想法。数量足够多的发言，在一定程度上可以创造出更多有质量的言论。

④头脑风暴结束后，要对今天所有发言的内容加以总结，这才是头脑风暴的核心。很多伟大的想法，都来源于突然的灵感。

（三）思维益处

①创造了良好的平台。在该平台中，每个参与者的思维都能得到最大限度地开拓，能有效开阔思路，激发灵感。

②提高了工作效率。在会上发言，大脑高速运转，可以有效锻炼个人及团队的创造力；采用这种小组讨论的形式，有利于增加对参与者的了解。

③培养了参与者的自信。每一次自信的确立都是一次次成功的积累。参与者在会上受其他人的思想引导，能不断激发出新的观点。到会后总结时，参与者会惊讶地发现自己居然有如此的创意。如此往复，无疑是对一个人能力的最好肯定，可以使参与者更加有自信。

④有利于提高时间的使用效率。在最短的时间内批量生产灵感，会有大量意想不到的收获，许多灵感的产生都是不经意间的。

⑤有利于提高解决问题的能力。除提出各自意见外，参加者对他人已经提出的设想进行补充与改进，相互启发与完善。在大家的共同发言下，能够从所有的想法中探寻出解决问题的最佳方法，进而提升大家解决问题的思维能力。

⑥有利于培养参与者的责任心。每一个想法都是提出者智慧的结晶，包含着无数次思考。当自己提出了有创意的点子，并且得到赞扬后，无论是谁，都会愿意主动承担完善这个想法的责任，所以对于参与者责任心的培养大有裨益。

二、分享讲坛

（一）简要介绍

分享讲坛作为通信电子创新基地的一大创新点，是基于 TBL-CDIO 创新创业人才培养模式的一种尝试，旨在提升基地成员的综合能力。作为"头脑风暴"的另类延伸与发展，分享内容可以是一部电影、一首诗歌、一本书，也可以是某段时间的学习经验、学习方法与技巧等，还可以是自己人生的经历抑或是对工作生活的感悟。分享内容不限，可以让每一位参与者畅所欲言。个人分享一般会将时间控制在30分钟之内，在分享结束后，听众可以自由提问，询问自己在倾听过程中的困惑。

（二）主要流程

一是规划准备阶段，一般由基地成员提前一星期向分享讲坛负责人说明分享意愿，告知大致内容，或者由负责人邀请一些进行创新创业实践的同学来进行分享。分享人做好相关材料的准备后需交由负责人审核，审核通过后才能进行分享。关于时间与地点的确定问题，负责人会提前两天通知。

二是分享进行阶段，过程如下。

①观众进行签到。

②投影仪及相关讲坛设备的准备。

③主持人发言，介绍分享人并引出分享主题，随后讲坛正式开始（大概半个小时），待分享结束后，在场的所有人都可以各抒己见（观众提出问题，分享人讲解；或分享人提出问题，大家共同探讨）。

④讲坛小结阶段。分享结束后，要求观众对分享讲坛进行思考，写一份总结报告提交给负责人。

（三）积极意义

对于听众：受众对象主要是大一新生，新生由于刚进入大学，对于大多新鲜事物不大了解，学习目标不是很明确，没有方向感，处于大学的第一个迷茫期。新生无论在知识层面还是在社会见闻方面视线都较为狭窄，需要分享人在分享讲坛上为他们指点一二。二年级到四年级的同学，从年龄上来讲，与大一差距不大，但在学习和生活方面都有了一定的经验。新生通过借鉴分享人的经验，能够拓宽他们的"视野"，促进自身的快速成长。

对于分享人：分享人从分享的准备到分享的完成是"舞台"上的一段历练，这个过程无疑是一次大的考验。首先，作为一个理工科的学生来说，上台演讲的机会少之又少，分享讲坛便是一个很好的锻炼演讲能力的机会；其次，通过与其他人讨论可以发现自己存在的不足，同时又能让别人认识到很多新的学习方法和技巧，何乐而不为呢？在面对听众的提问时，可以锻炼分享人的应变能力，这对于以后的考研复试和工作面试等都有较大的帮助。

对于基地：分享讲坛为基地营造出了求上进、谋发展、共成长的良好氛围。在这里大家可以讨论基地目前存在的问题，分享自己关于基地所处阶段的看法、观点，大大地有利于营造基地成员之间和谐的沟通氛围。讲坛为基地培养出了一代代积极向上、有奋斗心、有认同感的基地成员。同时，分享的过程也有利于增强成员之间的凝聚力，加强成员对基地的归属感。这对基地文化的建设与传承具有重要意义。

三、例会制度

例会的召开是为了对上一段时间的学习成果进行阶段性总结，以及时发现自身存在的问题并加以更正；同时也是为了进行下一阶段的工作部署与任务分配，方便主管人员统筹规划实验室下一阶段的发展方向。例会期间，大家一起提出问题、反映问题、讨论问题，有利于解决方案的形成。问题的提出，可以提高成员对问题的防范意识，解决问题的方向也能在会上基本得到确定。这样，基地在遇到问题时，也不至于在问题面前措手不及，只需在大方向的路线中对个别小问题逐一击破。任何问题的解决都不是一蹴而就的，问题在很短的时间内不能够得到有效的解决。因此，例会制度有利于集思广益，集众人之智，攻克难题。例会一般可以按时间长短分为以下几类：年度会、季度会、月度会、周例会。基地可以根据自身的特点，安排相应的总结例会。例会的召开不应该拘泥于会议的形式，可以采用如书面报告等多种多样的方式。开会的目的在于解决问题，所以要求各位参与者带着问题进行讨论，可以允许大家因观点不同，而争论得面红耳赤。没有问题的例会，它的召开毫无意义。正如"罗马城不是一日建成的"，实验室之所以能走到今天，正是因为有一次次有意义的例会。发现问题、提出问题、解决问题是例会存在的根本意义。通信电子创新基地一般安排召开周例会、月度会以及年度会，其中周例会采用周历的形式来执行。

（一）主要流程

①周例会（周历）。基地一般采用周历的形式来代替周例会，周历每周写一次，并在每周周日进行上交，上交采用梯队上交的方式（即大一成员周历由大二成员收集，大二成员周历由大三成员收集，大三成员周历由大四成员收集，最后汇总给指导老师）。周历由两大部分组成：工作小结（对本周的总结）和工作要点（对下周的计划）。详情见表7-3-1和表7-3-2。

表 7-3-1 通信电子创新基地第 × 周工作小结

（第 × 周 × 年 × 月 × 日—× 年 × 月 × 日）

序号	工作小结
1	
2	
3	

表 7-3-2 通信电子创新基地第（×+1）周工作要点

（第 ×+1 周 × 年 × 月 × 日—× 年 × 月 × 日）

序号	项目	时间	工作要求及进度	责任人备注
1				
2				
3				
4				

②月度会。月度会一个月召开一次，主要负责总结本月的工作和安排下个月的工作，基地的月度会一般在每个月第一个礼拜的星期六召开。

月度会议的前一天（一般是星期五），高年级的实验室成员需要提前召开一个简单、实用的会前例会，也称为"干部前会"。干部前会要提前确定月度会议要达成的新机制、新政策等。干部前会的思路统一，可以让月度会变得更顺畅，决议更迅速，如果没有特别需要在会议上决议的内容，干部前会可以精简或直接省去。高年级实验室成员带头入场，减少会议拖拉现象（干部前会有两大克星：一是迟到；二是拖场）。干部前会结束后，发布"月度会议召开通知"，各年级由专人通知，务必每个人都通知到位。

③年度会。年度会一年召开一次，主要负责本年度的年度总结和表彰工作。基地的年度会一般在每年的年初召开，地点在通信电子创新基地。

会议准备：收集本年度有关实验室的所有资料，包括本年度所有的比赛照片合集，获奖证书的统计，实验室所获的荣誉，实验室成员的统计等。宣传部门需提前制作好年度总结视频，在会议上进行展示。

会务人员：选择主持人、会议主要记录人员、设备操作人员。

会议物资：年度会时间一般较长，应准备必要的食物、水、饮料等，供大家休闲交流时享用。参会人员提前 5 ～ 10 分钟到场。会议开始，主持人简要介绍实验室本年的发展情况，播放年度总结视频；随后指导老师、学生代表进行发言；接着大家进行大会交流与讨论；然后是对优秀实验室成员给予表扬，并颁发证书。最后就是进行文体表演环节，组织大家观看，促进实验室成员之间的交流，加强实验室成员的归属感。至此，大会基本结束。

（二）优势利处

例会制度是为了对一定时期范围内的工作加以总结，可以全面地、系统地了解以往的工作情况，正确认识以往工作中的优缺点。通过对工作进行分析和研究，找出问题所在，有利于得出经验教训。再结合实验室优秀成果，摸索出实验室的发展规律，用于指导下一阶段的工作，以少走弯路，少犯错误，提高工作效率。例会的存在不仅可以完善上一阶段成果的不足之处，也可以加快推动下一阶段工作的开展，进而提高基地成员的工作效率。

总结例会是非常重要的，但也是非常困难的。难度主要表现在两方面：一是"总"（过去的工作）；二是"结"（工作的经验、教训、规律）。所以要正确处理好这两者之间的关系："总"是"结"的依据，"结"是"总"的概括。只有厘清"总"与"结"的内在纹理与相互关系，总结例会才能真正成功。

从头脑风暴法，到分享讲坛，再到总结例会，这些都是实验室在"新工科"建设行动路线的指导下创立的新型人才培养方式，旨在激发和培养大学生的创新创业思维和意识。通过以上三种方式，可以认识到以下几点。

①每一个参与者都应该积极融入实践过程，并且做到不打断他人的发言，不诋毁他人的做法，这是最基本的原则。

②要学会质疑，对于自己不认同的观点，要勇敢地提出质疑。

③要增强责任意识，塑造出基地成员的主人翁精神，实验室的未来发展需要每一个成员的努力。

④要增强实验室的核心力、凝聚力、向心力。

⑤这三种方式有利于形成批评和自我批评的优良作风。犯错并不可怕，可怕的是没有一颗改正错误的心。

⑥通过工作总结，使零散的、肤浅的、表面的认知上升到全面的、系统的、本质的理性认识上来，这有利于寻找出实验室工作和发展的规律。

四、TBL-CDIO 项目培训

TBL-CDIO 项目培训是基于团队学习的一种新型培训方法，有助于促进基地成员的团队协作精神培养，提高成员的创造性、灵活性与实践能力。

近几年来，经过长期的探索与实践，基地 TBL-CDIO 项目培训的开展已经形成了独有的约束与规范。项目培训由负责人（一般是教师）主持，流程如下所示。

①负责人将基地成员分成若干个小组（5～6人一组）。

②负责人提前将培训内容告知成员，成员培训前要预习。

③培训包括个人测试、小组测试和实战性训练三个环节。

④负责人根据个人和小组测试结果判断学生掌握基本知识的情况。

⑤成员聆听负责人有针对性地讲解相关内容，然后进行实战性训练。

⑥各小组在负责人的指导下开展团队讨论，学习如何运用培训的内容解决问题并达成共识。

⑦最后小组代表上台讲解，负责人进行评价与总结。

定期进行基于TBL-CDIO项目的培训，有利于激发成员的学习兴趣和热情，促进成员主动学习并增强团结协作精神。注重成员之间的互动，加大实践教学力度，这有利于提高成员应用知识分析解决问题的能力。相较于传统培训方法，TBL-CDIO项目培训将填鸭式及灌输式的培训模式转变成主动式及协作式的培训模式，有利于基地团结协作氛围的形成，也有利于提升基地创新创业方面的实力与水平。

五、基地文化

基地文化是基地成员的活动现象与基地内在精神的总和，它对基地成员的人生观、价值观等意识的形成具有重要作用，对基地成员的行为方式、行为规范、思维方式、价值观念等具有导向意义。因此，建设好基地的文化是基地未来生存与发展的重要任务。

（一）文化建设任务

坚持基地"育学、育人、育才"文化总基调，以培养成员的创业意识、创新思维、创业技能、创业精神等创新创业素质为核心，锻炼成员的情商与逆商，使其拥有阳光心态与成熟心智，从而健全成员的创新创业思维方式，全面提升其综合素质，进而提高成员的高度与格局。

（二）基地文化介绍

基地历经近十年的探索与实践，形成了以《弟子规》《少年中国说》《诫子书》《百孝经》等中华传统文化为基础，四"Yu"文化为核心，"三个加强，三个学会，两个保持"为重点的教学文化。

基地文化详解如下。

四 "Yu" 文化

授人以鱼，给予资源，传授知识。

授人以渔，给予方法，培养能力。

授人以欲，激发欲望，培养动力。

授人以寓，感悟人生，培养格局。

第一个"鱼"，给予学生资源，传授知识，对基地成员进行软件和硬件方面的培训，让基地成员学习以《弟子规》为核心的中华优秀传统文化，如"朝起早，夜眠迟。老易至，惜此时"中所提到的，劝解少年要懂得珍惜时光，抓紧时间去学习，在时间的缝隙中不断拼搏。"事勿忙，忙多错。勿畏难，勿轻略"则点出做事的基本法则：不慌不忙，我难人难不畏难，我易人易不大意。"读书法，有三到；心眼口，信皆要"则教会成员读书时需要做到心到、眼到和口到。以中国传统文化为基石，传授为人处事的方法，以此培育学生的情商和逆商。

第二个"渔"，授予基地成员使学习能力、实践能力、职业素养等提升的"工具"。对于学生来说，仅仅拥有学习的资源是远远不够的，如古代寓言所示，两个饥饿之人一人选择鱼竿一人选择鱼，最终两人都饿死了。原因在于拿鱼之人，在食用完鱼之后，再无法获得生活来源；而选择鱼竿者无法解燃眉之急，没能等到钓上鱼就饿死了。所以唯有将两者结合起来，才能得以生存。由此可知，大学中所传授的不应该仅仅只是知识，同时也应当传授思考问题时的逻辑思路、学习的方法技巧。

第三个"欲"，培养学生学习过程中的源动力，激发出学生学习的欲望，由"要我学"转变为"我要学"和"我爱学"。当深入学习一门技术时，有"欲"之人遇到的困难与得到的赞许会不断地激发起他的学习兴趣，有利于将兴趣所在转换成目标所在。兴趣是最好的老师，如何激发出学生的学习兴趣，正是实验室正在探寻的问题。兴趣是求知的起点，是学生学习和创造的动力之源，是成功的催化剂。

第四个"寓"，感悟人生，培养学生的大格局、大情怀，在平常的学习中感悟人生道理，在平常的生活中悟性修行。一个人的眼界决定了他未来的高度、格局与思路。只专注于自己的一亩三分地的人，远无法想象人的潜能究竟有多大。生活就像一场修行，有些人能在人生中不断参悟，总结出自己未来的方向。有些人则在成功面前洋洋自得，在失败面前一蹶不振，不思进取。人与人之间的一念之差，会导致千差万别。没有开阔的眼界，永远无法明白自己可以做到什么。

"鱼""渔""欲""寓"，四"Yu"文化相辅相成，是基地文化不可或缺的一部分。刚开始是传授知识经验；紧接着是教授学习的技能，锻炼学生的自主学习能力；然后是培养学生学习的兴趣与"源动力"，上升到从思想层面上高度重视，帮助学生树立终身学习的目标；最后，就是高度、格局、思路的培养，一个人的眼界决定着他未来的高度。

三个"加强"：加强团队沟通能力；加强团队创新能力；加强团队执行能力。

沟通永远是每个大学生最需要具备的能力，不管是在工作学习中还是在日常生活中，良好的沟通都至关重要。思维的碰撞能提升创新能力，创新对于工科专业的学习至关重要，不管是普通的学习过程，还是参加比赛，创新能力都应该成为必要项。对个人而言，执行力就是办事能力，对团队而言，执行力就是战斗力。必须要把握执行制胜的二十四字真经：认同文化、统一观念、明确目标、细化方案、强化执行和严格考核。

三个"学会"：学会为人处世；学会调整心态；学会如何自学。

从古今中外为人处世方面成功与失败的生动事例中，可以看出做事先做人、做人要中庸诚信等具有的重要意义。做事先做人，学会为人处世对每个学子的发展十分重要。人在发展过程中，难免会遇到各种挫折，这就需要学生善于调整自己的心态。"态"字的字形是心字上面大一点，该字寓意着要有更大一点的心态观，要求学生具备积极乐观的人生态度与大心态观。自主学习能培养学生主动发展的能力，在传统的教学方式中，学生是教育的对象，其发展是被动的，对于发展目标、发展目的和发展方向心里没有底。学生只是拴着绳索的羊，教师牵到哪，学生就跟到哪。在这种情况下，"教"与"学"无法有效结合，削弱了教育力量。"自主学习"是学生通过自学、发现、探索来获得科学知识的新型教学方式。它强调学生是学习的主导者，学生自主安排学习内容、学习方式、学习目标，对整个学习过程做到心中有数。

两个"保持"：保持激情；保持热情。

如果没有激情，生命就暗淡无光。拥有激情，会让你坚韧无比，不轻言放弃。如果想在有生之年成就大业，就必须保持无比巨大的热情和激情。无论从事什么工作，要想做好，激情都是必要的。激情是一种调动人体每个细胞的决定因素，具有激情的人，她将获得无穷的想象力和创造力。激情也最容易使我们在平凡中创造奇迹，不论我们做什么，心中都应该燃烧起一股激情，让它成为一种不断鞭策我们前进的强大动力。相信命运不会偏袒那些做事半途而废、犹豫不决、胆小怕事、缺乏激情的人。成功就在前方，看你是否有激情去奋斗，只有那些具有激情、勇于进取的人能脱颖而出。但我们也要明白激情只是一种触动，不能说只要有激情，就具备了创业和成功的条件，这还需要我们更为慎重、更有耐心。假如你已经符合了创业标准，请带着激情上路，开始斗志昂扬的拼搏之路。

（三）文化建设具体措施

①每日清晨、傍晚两时间段在基地进行《弟子规》《少年中国说》等中华传统优秀文化的诵读。诵读主要以一年级为主体，二年级作为领读者，三年级作为签到者。同时，基地诵读活动还会根据不同的时间段做出相应调整，例如在父亲节、母亲节以及重阳节前后侧重孝文化内容，而在青年节前后侧重家国情怀。

②针对基地成员制作相关的文化手册并进行培训。进行以《弟子规》《少年中国说》《诫子书》《百孝经》等中华传统文化为基础，四"Yu"文化为核心，"三个加强，三个学会，两个保持"为重点的文化培训。授人以鱼、授人以渔、授人以欲、授人以寓的四"Yu"文化是基地文化培训的重点内容，对基地文化的传承与发展极其重要，有利于提高基地文化的凝聚力。

③对基地成员进行文化考核。大一上学期通过考试的方式来检验成员对基地文化的掌握情况，而在大一下学期之后，要求书写"雏鸟心感"，在思想上认同基地文化。同时，基地还会不定期对成员进行考核。

④通过文体活动加强成员间的凝聚力与认同感。基地常常于周末举办一系列的活动，例如篮球比赛、羽毛球比赛等。这些充满竞争与合作的活动，有利于加强成员间的联系，能体现出基地的文化理念；在校运会前后，更是有"多人多足"等活动来提高成员间的凝聚力。

（四）基地文化建设特色

基地文化秉承"育学、育人、育才"发展理念，以《弟子规》《少年中国说》《诫子书》《百孝经》等中华传统文化为基础，四"Yu"文化为核心，"三个加强，三个学会，两个保持"为重点。在基地指导老师的关怀下，基地文化建设蒸蒸日上，尤其注重基地成员格局与品行的培养。该建设模式特色鲜明，起点高、平台广、实践性强，强调文化素质培养与实践能力培养并重，为基地成员的成长成才提供了源源不断的动力，将基地发展带入了一个新的高度。

（五）基地文化建设意义

基地文化建设具有导向功能，能对基地整体和基地成员的行为取向起引导作用。首先，具体表现在对成员个体的思想行为与基地整体价值观起导向作用；其次，基地文化建设能够提升基地成员对于基地的归属感，从而进一步提升团队凝聚力，将团队潜能发挥到最大；最后，基地文化建设对基地成员的思想、心理和行为具有约束和规范作用，有利于提升基地管理的自觉性、主动性、高效性。

参考文献

[1] 张香兰，程培岩，史成安，等. 大学生创新创业基础 [M]. 北京：清华大学出版社，2018.

[2] 郑彦云. 大学生创新创业能力培养 [M]. 广州：暨南大学出版社，2017.

[3] 黄远征，陈劲，张有朋. 创新与创业基础教程 [M]. 北京：清华大学出版社，2017.

[4] 陈国良，王延峰. 大学生创新创业理论与实践导论 [M]. 北京：科学出版社，2018.

[5] 张景亮. 大学生创新创业管理与人才培养模式研究 [M]. 长春：吉林科学技术出版社，2020.

[6] 牟顺海. 大学生创新创业指导 [M]. 北京：现代教育出版社，2014.

[7] 吕爽. 大学生创新创业实务指导 [M]. 北京：中国铁道出版社，2020.

[8] 赵光锋，肖海荣. 创新创业教育：让大学生走在时代的前沿 [M]. 北京：中国纺织出版社，2018.

[9] 蓝红星. 创新能力开发与训练 [M]. 成都：西南财经大学出版社，2014.

[10] 刘平，李坚，钟育秀. 创业学 [M]. 北京：清华大学出版社，2016.

[11] 吴余舟. 大学生职业生涯规划与就业创业指导 [M]. 北京：机械工业出版社，2010.

[12] 武艳，张晓锋，张静. 企业风险管理 [M]. 北京：清华大学出版社，2016.

[13] 谢永川，袁国. 大学生就业与创业指导 [M]. 北京：北京理工大学出版社，2015.

[14] 许湘岳，邓峰. 创新创业教程 [M]. 北京：人民出版社，2016.

[15] 张可君，吕时礼. 创业实务 [M]. 北京：北京师范大学出版社，2011.

[16] 周春生. 企业风险与危机管理 [M]. 北京：北京大学出版社，2015.

[17] 周延波，王正洪. 高校创新教育 [M]. 北京：科学出版社，2011.

[18] 万玺. 海归科技人才创业政策吸引度、满意度与忠诚度 [J]. 科学学与科学技术管理，2013，34（02）.

[19] 陈正芹，吴涛. 自我领导理论视野下的高校大学生创业教育研究 [J]. 江淮论坛，2013（02）.

[20] 田雪莹. 大学生创业政策保障体系构建研究：来自苏州大学生问卷调查的证据 [J]. 科学决策，2013（03）.

[21] 胡桃，沈莉. 国外创新创业教育模式对我国高校的启示 [J]. 中国大学教学，2013（02）.

[22] 魏东初. 国外大学生创业教育的经验与借鉴 [J]. 思想教育研究，2013（07）.

[23] 丁越勉. 高校创业教育教师角色及素养的再审视 [J]. 黑龙江高教研究，2015（12）.

[24] 吴玉剑. 高校创新创业教育改革的困境与路径选择 [J]. 教育探索，2015（11）.

[25] 王庚. 高校创新——创业教育的当下困境与路径选择 [J]. 华南师范大学学报（社会科学版），2015（06）.

[26] 王占仁. 我国高校创新创业教育的学科化特性与发展取向研究 [J]. 教育研究，2016，37（03）.

[27] 陈坚，沈燕丽，王涛. 双因素理论视角下高校创业教育教师激励策略研究 [J]. 学校党建与思想教育，2016（15）.

[28] 焦烈，王尧. 我国高校创新创业教育实践教学体系的构建 [J]. 辽宁教育行政学院学报，2015，32（02）.

[29] 朱静然. 构建多元化的大学生创业教育保障机制研究 [J]. 河北科技大学学报（社会科学版），2012，12（02）.

[30] 李良成，张芳艳. 创业政策对大学生创业动力的影响实证研究 [J]. 技术经济与管理研究，2012（12）.

后 记

　　光阴似箭，时光荏苒，转眼间，本书的撰写工作已经结束，我万分不舍。因为撰写的过程，是我与自己灵魂深处的一次对话，更是对我国大学生创新创业教育发展模式的一次思考，也是对当今创新教育现象的一种回应。数月来的心血与努力在这一刻终得以完成，倍感欣慰。同时，这本书的完成得益于在撰写过程中得到了家人与其他研究者的支持，在此表示忠诚的感谢。

　　众所周知，我国教育体制发生了几次转变，这每一次的转变都表明我国在培养人才方面已经越来越成熟，与先进国家之间的距离正在逐渐缩短。而培养创新精神，树立创业思维就是顺应时代潮流的一种体现，同时也是对传统教学方法和教学内容的一次重大改进与变革。因此，对于这一问题的研究显得任重而道远，但是我坚信，在利好政策下，在社会各界对大学生创新创业教育的发展模式与改革创新持肯定与支持态度的社会环境下，关于这项问题的研究一定会取得突破性进展。

　　很荣幸，我既见证了20世纪八九十年代传统的教育模式，又见证了新时代的新教育，能够在"旧"与"新"的"切换"中切身感受到新的时代气息，体会到了新时代大学生创新创业教育的发展模式与改革创新研究工作已经步入了发展的"快车道"。在这条快速发展的轨道中，这趟高速列车正在加足马力奋勇前行，驶向了布满鲜花的光明彼岸。可以说，通过专家学者以及教育从业者的不懈努力，我国关于大学生创新创业教育的发展模式与改革创新的研究工作整体上已进入全面发展的新阶段，并且提供了一些具有实际指导意义的资料。这更有利于相关问题的研究。在这样的背景下，我撰写了此书，希望通过此书，唤起社会各界对于大学生创新创业教育的发展模式与改革创新的研究工作的重视。

　　我在撰写的过程中，汲取了与创新创业、教育改革等内容有关的一些成熟的知识点，以求为研究提供一个新的视角，站在新的视角，会拓宽我们的眼界与思路，会迅速缩短我们与其他先进国家之间的距离，会使得我们在发展的道路上"快马加鞭"地前行。"接地气"的内容向读者表明本书不仅仅只有理论知识，更具有实践指导意义。因此，读者在阅读本书时，能够发现我的良苦用心。